SPEAKING

TO

SPIRITS

我的後通靈人生

靈界的譯者4

索非亞（劉柏君）著

suncolor 三采文化

目錄

CONTENT

01 生命的修行之旅

02 信仰與修行 Q&A

關於信仰

關於修行

名人推薦

歌手／演員——李千那

我從小生長在殯葬業家族以及舞台秀團中，每天經歷生離死別，婚喪喜慶，
謝神拜天地，長大後才漸漸明白，
那不僅僅是工作，
是傳承、使命、責任還有生存。

常常聽人家說「天命難為」這句話，
也就是說，生來有人貧困有人富裕，
出生在什麼家庭，不是我們能選擇，
但當你有「能力」，你是可以選擇你想要的生活，我一直認為自然的力量還有心境的改變是不可思議，甚至能創造運氣改變命運，而這件事值得我們去探討。

索非亞說：「如何用自己的能力活出最適合的姿態？」背負通靈的天命，她快樂嗎？

透過戲劇，也算是「體會」了一部分索非亞的人生，才發現那與生俱來的「特殊能力」，帶給其實平凡的她，很多不凡又令人心疼的經歷。

這次不再是從書中看靈界的譯者，而是看見「索非亞」，願你能認識那平凡的她，透過她的故事，更認識自己、愛自己。

演員——郭書瑤

索非亞的文字，讓我想起初次見面時她的神亮雙眼，孑然一身卻帶著溫暖稚氣。也許因為童年獨自跑得快，不奢望成為眾人的榜樣，而總在說著：生命何其短暫，寧可人負我，不願我負人。

有著質樸無華孩子的靈魂。

演員——温貞菱

作者序

這輩子，我們只要關注於活出自己

在這本書撰寫的過程中，我接受國際棒壘球總會（WBSC）提名，參與國際奧會的女性與運動獎（IOC Women and Sport Awards）徵選。國際奧會自二〇〇〇年起每年頒發這個獎項，其包含五大洲的洲獎（亞洲、美洲、非洲、大洋洲與歐洲）以及一個世界獎，鼓勵與表彰各地以運動充權女性的楷模。

就在完成本書稿件後，我便收到國際奧會通知獲得世界獎的殊榮，準備啟程前往紐約的聯合國總部，接受國際奧會主席與聯合國婦女署執行主任頒獎，在聯合國頒獎台上接過獎座與致詞。

現實生活總比戲劇還要驚奇。戲劇需要合理性，現實生活不需要，雖然我在今年夏天即將四十歲，可是也已有夠多的酸甜苦辣供我回憶。

當我漫步在紐約街頭，想著此生發生的種種，甚至有種電影《楚門的世界》的感受。我站在中央公園凝視身邊的人事物，真實與虛假的界限在那一刻是模糊的，冷冽的空氣讓我很快地回神——好吧，我真的是置身於紐約，這一切是真實發生無誤。想著接下來要站上聯合國的頒獎台，不免也開始緊張糾結。謝謝好友陳和榆的陪伴與開導，也如同電影《楚門的世界》當中的台詞：「人應該享受這個世界，而不是企圖理解這個世界。」就像我在面臨骨折後的低潮中所學習到的，與其耗費力氣去追尋、梳理各種事情的原因，何不好好享受我們的生活？

於是我好好回想十多年來的棒球歷程，特別是對當初各種身心受傷與挫折給予疼惜，還有為自己不曾放棄的堅持予以喝采，告訴自己：我值得站在頒獎台上接受全球的喝采，享受國際奧會的招待，以祝賀自己的方式接受各國媒體採訪，不要再問自己是否值得？是否只是幸運、僥倖？別再擔心自己的言行是否動輒得咎。我要好好地愛自己，接納自己所有的好與不好。

嘿，不夠好的部分也沒關係，過去的我會擔心自己以英文受訪時說錯字彙、講錯文法，因而對於接受英語訪問倍感壓力，甚至覺得怎麼得獎像是折磨，又不是做錯事情還要被批評。現在的我試著學習享受這一切，除了平時也會多練習英文之外，努力過後就接受結果、享受成果。

肯定自己，為自己鼓掌，看到自己的努力，這是我們的文化中經常忽略的部分。久而久之，生活只剩下努力與辛苦，都忘記生命為何要經歷這一切了。

得獎後，我收到許多恭喜與鼓勵的祝福，也有人問：「都在聯合國獲得國際奧會的世界獎了，妳接下來的人生要幹嘛？」返台的隔天，我依舊上班、教書、念書，生活一如往昔，照表操課，該做什麼就做什麼。得獎是我生命中最美好的回憶之一，但我不會一直活在回憶當中。

我不需要一直沉溺於過去曾經的美好，或是疲於奔命再追求下一個高潮，甚至感嘆痛苦或美麗的經驗無法複製或回到當時，因為我知道真正持續而穩定的滿足與快樂，是來自於我能享受「現在」的每一天。

或許當朋友問起時，我也會想要歸納一下發生這些事情的緣由，但比起分析、理解所謂成功的理由，我更希望朋友能一起享受生活的美好。因為所有的美好經驗都是無法複製的，除非我們願意讓自己去感受快樂。

曾經我對於宮廟的那段時光充滿痛苦與怨恨，如今，過去發生的事依舊不可追，但我心境轉變之後，看待與感受也不同了。同樣關於「助人」這件事，過去的我以為自己的存在只是為了他人，因著幫助別人，我才有了價值，因此忽略去照顧自己，身心失去平衡而埋怨自己的遭遇。這兩年來的生活變化讓我學習到照顧自己，把關注放回自己身上，我依舊非常樂於幫助他人，依舊以助人為此生使命，但我覺得很快樂，不那麼因為別人的起伏而受波及。我變得更健康也更快樂，希望把自己這樣的轉變分享給讀者，更希望身邊的人與讀者，也能因此更關注自己，變得更快樂。

這個世界有太多不解之事，一件事情有各種觀點也南轅北轍，不管別人怎麼批評，請記得：你是最重要的。如果你不能享受生活，就是沒有善待你自己；與其蒐集各種證照、學歷與技能，如果無法在其中享受，那麼即使站在世界的頒獎台上，住豪宅、開名車，還是會被不安全感與空虛追著跑。

我們要努力追求的不是一個物質或位置，而是學習能夠享受生活的能力。

請記得，從生到死是一段過程，這段過程中再重要不過的焦點就是自己！我們都要學會享受旅程，學會快樂。

01

生命的修行之旅

第一章

從靈界的譯者到通靈少女

距離出版《靈界的譯者》一轉眼已是第十年，這段旅程完全超乎預期，我從急欲擺脫通靈到願意轉身面對，過程像是脫了好幾層皮，但我很開心漸漸成為有感覺的人：感到喜怒哀樂，不再只是把自己的靈魂關在玻璃瓶裡看世界。

一開始出書的初衷就是分享自己的心路歷程，希望許多像我這樣的通靈人，能夠擺脫桎梏、活出自我。而十年後，我還是想要繼續分享生活歷程，往後的修行旅途上，我們再互相打氣扶持，繼續走下去！

被命運推進的修行路

在小高一的年紀，我陰錯陽差地踏入宮廟為信眾服務，是不幸也是幸運。當時宮廟的負責人是不太會引導與使用我能力的無腦長輩，每天就是讓我一直通靈、不斷問事，一整個搞不清楚狀況就開始了我的靈媒旅程。

但搞不清楚狀況也好，能以無預設的立場和旁觀者的心態去體驗這趟旅程，也因為沒有對通靈懷著特別的期待、目標，當然也是由於後來傷得夠徹底，才能在宮廟待了十年後果斷轉身。只是轉身後，我並沒有真的離開——雖然我超想離開，以為不再通靈就是離開。

在宮廟的那些年，我非常不快樂，偶爾感受的成就與滿足就在於能夠幫助人的時候。據說那個叫做「帶天命」，不過「帶天命」這簡單的三個字真是把我給整慘了。我被賦予、期待成為神明的代言人，可是我頂多只是無形眾生的翻譯，還不見得翻譯得很稱職，畢竟當一般翻譯可以多讀書與練習而進步，但是當無形眾生的翻譯真的很難「練習」，舉凡吃素或不吃牛肉、打坐、獨身都是基本條款。而我花了很長的時間才明白：**人的糾葛與眾生的苦，真的和無形眾生沒多大關係。**

從高中開始，我像上班族一樣為信眾服務。我被教育也相信：人遇到困難或不順遂是因為被無形的眾生干擾，也試著當個認真的翻譯，希望能幫助信眾。偶爾得知自己幫助到人真是滿心歡喜。只是有些信徒會重複地出現求助，賭博輸錢、工作不順都覺得自己是卡陰，被無形的跟。有時候我看根本就沒有被跟啊，還會被說通靈不認真。

反正所有失敗都歸咎於無形眾生，最好祭改後睡一覺就好了，這間老師不準、沒效就換別間，自己都不用改變。記得有一次跟一位偶像劇編劇聊天，她說要想一堆浪漫的橋段好累，而我覺得要讓通靈老師想出各種前世今生和冤親債主的故事，也是很累的。

我認為人們遭遇困難有其複雜原因，不否認無形眾生是其一，但不會是絕對的單一因素。我比較視其為感冒或心情不好，就是尋常現象，感冒可以去給醫生看，服藥後加速復原，也可以多喝水、好好休息，一樣會康復的，而非拖著病體四處求醫。

況且有些神壇本來就聚集了很多無形眾生，虛弱時還往那些地方跑，反而容易感染招惹。總的來說，人生就是痛苦的總合啦！每個階段都有不同的煩惱，所謂的修行不是「消滅痛苦」，痛苦永遠都在，修行是讓我們觀照這一切，不鑽牛角尖，經歷這些困難煩惱時，自在一點地度過。人的力氣有限，不用心在自己身上而是浪費在抓無形的戰犯，真的很可惜。

無法理解的苦

記得當時年紀輕，真的沒辦法體會信眾的痛苦。嘿，我才念高中，男孩子的手都沒牽過，哪裡知道離婚、外遇有多痛苦？從小被父母關愛照顧的我，也無法體會生重病、失去親人或金錢匱乏的苦痛。讓我通靈有看到阿飄就說有，沒有就只能皺眉，由旁邊的人向信徒解釋各種因果或前世今生，因為我真的說不出安慰的話語，也不懂得苦是有多苦。我連安慰人的話術都懶得學、不想講，只想著：能否專業分工，我只要管好通靈這一塊就好？

那時的我覺得通靈問事就是修行，雖然也不是很明白為何做人就是要修行？感覺這世上不負責任的人可以過得比較快樂，那為什麼還要修行？其實我沒有很想要跟風修行啊！小學時被送到佛寺打禪七，如果整天只管念經打坐，那樣的修行我很可以，但可不可以不要管別人的生老病死？可能當時偶像包袱太重了，又或者是DNA有內建奮發向上的基因，關於修行到底是什麼？大家各說各話，反正我就這樣踏上了迷宮般的修行旅程。

看到鬼等於會通靈，等於是帶天命，就是修行命——這差不多像吃鹽酥雞要配九層塔一樣地約定俗成了，但大家有問過九層塔的意見嗎？或許九層塔更想要和三杯雞搭配啊！我的心情就跟九層塔一樣，也希望能用自己的能力活出最合適的姿態，無奈當年的我勇氣不足，只敢偶爾叛逆、發發脾氣，通靈的逃兵當不了幾天還是乖乖回去接天命修行。天知道「天命」這兩個字就像一個緊箍咒，綁住了我的身心，怎麼修行這麼討厭啊？

就像所有剛開學的學生一樣，我也多次想下定決心——這學期要開始認真了！因此也是有很認真吃素、打坐的時候啦。只是我就算很認真通靈，也沒辦法解決所有問題，更不能保證每次通靈都能神準，一次通靈完五、六個人，我就氣力耗盡。

我自己是沒估算過認真通靈能夠提高準確度的多少比例，但很確定只要我累了，或是沒那麼準確地回答，就被責怪是否修行不夠認真？這真是滿討厭的。要求男人一夜七次都還有威而鋼輔助，但通靈哪有什麼仙丹可以吃啦！

我像是不斷受挫的學生，很努力了還是達不到期待，一而盛、再則衰、三則竭，再者我對拯救世界也沒有多大興趣。這是通靈人的宿命嗎？我倒覺得是每個人都面臨的課題，在外界的期待與自我成長之間拉扯，在來來回回、曲曲折折當中，帶著傷也帶著笑往前走。既然人生的旅程中，眼淚是少不了的，那就祝福每個人包含我自己，都能瞞懷盼望地笑著前行，偶爾也有勇氣回頭笑看過往。

但老實說，我並不是那麼有勇氣回顧在宮廟的那段歷史，裡面實在有太多遺憾悔恨。為了活下去，我只能切割過去往前走。於是我奔向棒球場，陽光、汗水、青草和紅土讓我可以再次呼吸，與少棒孩子們的相處，讓我彷彿回到無憂無慮的童年，至少我能再當自己是個孩子。

索語錄／

人比鬼可怕。不信？

看看您身邊啊！

從棒球到靈界的譯者

曾經我以為自己這輩子就是在宮廟服務了，不明所以、無可奈何但也就這樣過日子——還不是接受喔，只是心不甘情不願，像個委屈的怨婦，要做又要嫌，連我自己都討厭自己。直到後來因為靈界大哥李保延消失之事，我在心灰意冷之餘決定轉身離開。

轉身離開是很帥氣，雖然我根本不知道下一步要幹嘛。但離開時，我收到太多負面攻擊，大概就是不幹這一行會淒慘落魄，生病、失業、意外、孤單、一事無成……最惡劣的是連我父母都詛咒進去，多虧我堅強的意志（牛脾氣），下定決心就不會回頭，即使還不確定目標，就是勇往直前，反正路是人走出來的嘛！

自幼我就喜愛棒球，還不會走路時就被爸爸抱進球場看球，只要在棒球場，我就能拋卻一切煩惱不快。在那個還沒有手機的年代，從松山高中下課回家的公車會經過舊時的台北市立棒球場，也就是今日的小巨蛋；當我晚上不想去宮廟，壓力破表，想要暫時消失在地球上的時候，就跳車去球場看比賽。

當年的中華職棒不是每一場比賽都有電視轉播，家人發現我晚上一直沒回家，我爸就會聽著廣播，等到第七局左右，開車到當時台北學苑附近的路口接我，彼此心照不宣，無聲勝有聲。

擔任大學助教的時期，一大好處是擁有寒暑假，我會集中休假去離島和偏鄉的少棒隊擔任志工，照顧小朋友生活起居和陪練棒球。令我意外的是偏鄉的孩子們不喜歡寒暑假，因為放假就沒有營養午餐可以吃。這算是我的震撼教育，看著有些孩子在破碎的家庭、艱困的生活環境中，還以堅定的眼神告訴我：「打球是自己選的，不苦。」反觀自己卻是「為賦新詞強說愁」呀！

我從孩子們的身上學會了感恩，感恩自己所擁有的。困在已經發生之事的負面情緒中又有何用？難道我還不比這些十歲孩子堅強懂事嗎？簡單的一顆棒球，單純地來回在我和孩子們的手中傳接著，原來簡單和單純才最容易獲得快樂呀！

陪孩子打球和比賽之後，我決定成為棒球裁判，畢竟我無法經常陪著孩子練球，擔任棒球裁判是我能為棒球付出的另一種方式。我享受自己是個協助完成比賽的小螺絲釘，付出是快樂的事情，雖然投入裁判領域的前幾年，讓完全沒基礎與背景的我吃了不少苦頭，但也一路成為台灣首位全國棒球比賽乃至於國際棒壘球總會的女性主審，還在二〇一七年台北世大運執法。由於這段奇幻的棒球裁判旅程，我在二〇一六年寫了一本書《Safe&Out 堅持。與自己對決的勇氣》，棒球裁判是我最驕傲的身分。

生命總是對我非常厚待，雖然當棒球裁判有其辛苦之處，棒球卻給我無比美好的經歷，除了到香港、澳洲、關島、韓國與美國各地執法之外，我也與女棒夥伴一起推廣女子棒球，鼓勵更多女孩投入棒球、享受棒球。雖然不是志在成為專業的棒球選手，但我很開心自己能夠鼓勵女孩們突破性別框架，勇敢選擇自己所愛，讓更多女孩獲得自己從棒球中得到的自信與勇氣。

也因為我對女棒的投入，二〇一七年，我獲選參加美國國務院贊助的「全球運動導師計畫」（Global Sports Mentoring Program，簡稱GSMP），除了在美國實習五週之外，還在美國國務院受訪、對官員做實習簡報。

這個機會讓我看見世界之大，也讓我找到這一新階段的生活重心，雖然依舊充滿挑戰，但我變得更開心與更有自信了。

收下生命的禮物

至於那一段不想回憶的過去，我試著透過書寫自傳來整理。二〇〇九年，我集結文章出版了《靈界的譯者》一書，受到讀者們愛護和熱烈迴響，也在那一、兩年中，多次參加談話性節目。我覺得能藉由書寫抒發情緒很棒，能透過電視把自己不快樂的生命經驗，轉化為助人不害怕靈界阿飄更棒。

助人一是件快樂的事，讓我過去的遭遇彷彿都有了答案：「是為了幫助與我有類似經驗的人們。」過往既定的事實無法改變，但我們可以轉念，《靈界的譯者》的出版另類地扭轉我的生命歷史，雖然過去沒有改變，但不變的過去卻不斷地改變現在的我，一次又一次地遞給我超乎預期的生命禮物。

這樣的轉變並非一朝一夕，我必須坦白說，出書後有太多超乎預期的反應，例如過去自己未曾想過的問題與層面，原來看待事情有這麼多角度，也促使我有了繼續學習的動力。在完成政治大學宗教研究所的碩士學業後，我出國短期進修，二〇一五年開始在玄奘大學宗教與文化學系擔任兼任講師。

正所謂教學相長，這些經歷讓我越發地感到自己的不足，乾脆再往政大宗教博士班念下去，學無止境啊！

這十年間，感觸很多，對自己和對世界的認識也鬆動了，我領悟到：如果自己不願意踏出去或張開雙手，就無法看見、接下生命的禮物。

一如既往地待在舒適圈是比較安全和輕鬆的，不過當我一次次地嘗試新事物，雖然偶有挫折與受傷，生命卻因此變得厚實。擁有厚實柔軟的心也更能輕鬆面對各種挑戰與壓力，未知的事物不全然是壓力，若能看作是一份禮物，就讓生活也有所期盼。

索語錄／

雙手握拳抓緊緊的，
不鬆手，
是要怎麼接下生命的禮物。

從《神算》到《通靈少女》

出書並沒有太大地改變我的生活方式，多半的時間仍是花在棒球場和宗教研究所，還有擔任助理維持生計。

某日，我收到一個台灣藝術大學電影研究所的同學陳和榆來信，希望能訪問我並藉由田野調查寫個劇本。

當時也是碩士生的我很能體會半工半讀的辛苦，於是樂意協助他完成那份課堂作業。同行的還有一位學生製片，綽號「麵包」的劉瑜萱。彼此一聊起來就很投緣，我也很開心能協助完成那份課堂作業。

沒多久，我又收到和榆的消息，除了課堂作業順利繳交之外，也獲選公共電視的學生劇展，這劇本將被拍成三十分鐘的短片。當下自然為他高興，但也有點心生猶豫；畢竟我才金盆洗手不過幾年，依然想要斷絕過去不快樂的回憶與羈絆，出書和上節目都刻意選用筆名「索非亞」而不是本名，就是希望還能保有清靜的生活，若是拍了公視短片，豈不是攪亂原本平靜的生活？

就在猶豫思考之時，和榆表示拿到碩士學位的畢業門檻是必須完成三部短片作品，而他想要讓這個劇本成為畢業製作之一。一知道拍成短片能幫助他畢業時，我基本上就融化了，除了同意之外更是樂觀其成，也告訴自己：「沒關係啦！學生製作的短片不會有什麼人看的，應該頂多在學校的教室和禮堂放一放吧？」

由於學生拍戲經費有限，我自己也入鏡演了壘球教練、提供棒球道具，還呼朋引伴一起擔任臨時演員，就這樣拍成了短片《神算》。我自己很喜歡這個作品，也才知道原來拍戲這麼辛苦，那時候只覺得是滿新奇好玩的經驗，更不曾想過日後會發展為影集《通靈少女》。

後來《神算》獲得不少獎項，讓我與有榮焉，不過心裡其實也很在意另一部紀錄片《安派兒》，這是台南藝術大學紀錄片研究所的碩士生林孟欣的作品，她花了四年跟拍我擔任棒球裁判的紀錄。有趣的是，二〇一三年時，兩部作品同時參加金穗獎並分別獲獎，我笑稱自己的劇情片和紀錄片都有得獎，可稱是最大的贏家吧？

這一切的起頭只是我想要幫助他們幾個研究生畢業，而當中的過程與成果，卻讓自己獲益良多。我的座右銘是「天道酬勤、地道酬善」，雖然從來沒做什麼生涯規劃，只是每日秉持善念、勤勞認真過生活，生命的回饋卻往往超乎預期地豐厚。

從高處跌落的衝擊

出版了《靈界的譯者》系列、取得政大宗教碩士學位、成為台灣首位國際棒壘總會女性棒球裁判，還有短片《神算》與紀錄片《安派兒》，可說是我人生前期的總合吧！我確實沒什麼遺憾或其他企圖心了，然而人生猶如浪起浪落，高潮之後不免就要迎來低潮陷落了。

二〇一四那半年的時間，我經歷了父親重病瀕死、前男友分手及工作被離職，原本以為可以一直單純上班、站裁判的安穩生活被全盤打亂，尤其後兩項的變故衝擊了我的自信、自尊。好在我還有棒球和宗教信仰，陪著父親抵抗病魔、康復之後，便在年底前往美國職業裁判學校受訓，再轉往阿拉伯聯合大公國進修宗教知識和阿拉伯文。二〇一五這一年，大半時間我將自己流放於海外，慢慢復原。

二〇一四年初，我受邀至阿拉伯聯合大公國的杜拜演講，當時他們安排我參訪當地的文化機構扎伊德文化學院，熱情邀請我有機會去進修。那時才完成碩士論文沒多久的我根本不想再念書，只是遭逢諸多打擊、不知人生何去何從之時，我總告訴自己：「用捨由時，行藏在我，袖手何妨閒處看？」每當低潮時，我總選擇藏在書堆中，尤其是宗教和傳統經典，古人的智慧帶給我安慰和指引，所以在美國進修結束之前，我便去信當初參訪的機構，請教能否到阿拉伯聯合大公國進修？扎伊德文化學院很慷慨地提供了全部學費、食宿獎學金與簽證，我便買了機票過去，過了三個月日出而讀、日落而息的生活。

我所待的城市不是繁華的杜拜，而是距離有一百多公里遠的沙漠城市「艾因」，那裡也是皇室居住、受教育的城市，真的很適合念書，因為一出門就是沙漠。每隔一、兩個星期，會有杜拜的朋友載我進城打牙祭，或是受邀演講、見見客人，除此之外的時間，我便一個人在宿舍中念書、打坐。

宿舍裡有網路但不能看影片，保守的中東國家也會遮蔽許多新聞，每天用通訊軟體向父母請安之外，穩定作息、安靜無擾的日子讓我慢慢地復原。沉澱之後，我開始期待返台後的新生活，雖然還不知道自己即將面臨的是什麼。

在沙漠裡讀書的日子，我仍與和榆保持聯繫，他開心地分享了公視推薦《神算》參加國際公共電視大展的好消息。能到芬蘭赫爾辛基是人生多難得的體驗啊！我也很為他高興，彼此相約：他用電影走遍世界，我則是用棒球！

我們開心地聊著怎麼把台灣民間信仰介紹給外國人，怎樣介紹擲筊？還建議他多帶幾個神明公仔去當交換禮物，當然還有確認一下幾個常見神明的英文要怎麼講？

在台灣傳統教育思維下，我們總被告知要從安穩的生活中尋求「安全感」：學生時候好好念書，有好成績就能讀好高中和好大學。畢業後要選穩定的工作，最好是公務人員之類的鐵飯碗、金飯碗，還要打扮自己成為好看的男生或女生，才能覓得好對象、結婚生子。孩子出生後，不免再度回到用功讀書有個好成績的輪迴，彷彿只要穩定的條件就能擁有安全感，殊不知人生就是充滿變數，而且每個人的生活都一樣，豈不是很乏味？

與其尋求和別人都一樣的人生，我倒建議先去弄清楚自己想要什麼樣的人生？什麼事物是自己熱愛的？在我們有限的人生內，盡情去體驗這個世界。難道你甘願現在就先寫好自己的訃聞嗎？

當年返國之後，除了棒球之外，我並沒有任何規劃。我期許自己要為台灣棒球、尤其是裁判這部分貢獻一己之力，因此花了很多力氣請託我的贊助商、護具品牌 All Star 通德興業董事長陳前芳先生，贊助我與中華職棒四位中生代裁判前往美國職業裁判學校受訓。很感恩這個計畫在陳董事長與中華職棒的成全下於二〇一五年底成行，而我在空餘時間也完成了兩本書《Safe&Out 堅持。與自己對決的勇氣》、《鬼怪不想讓你知道的50個祕密》，又在昭慧法師的邀請之下，有機會到玄奘大學宗教與文化學系擔任兼任講師。最後則回到社工本業，加入勵馨基金會，擔任新北物資中心的專案經理。就像以前幫助偏鄉孩子募集棒球一樣，現在是為弱勢家庭募集民生物資。

二〇一六年，我的新生活如火如荼地展開。新北物資中心的工作在開頭的兩年根本是沒日沒夜，就連棒球比賽都無暇顧及，只能選擇參與幾個重要的賽事。這段期間，和榆仍與我保持聯繫，那時曾有中國的電影公司對我的人生故事感興趣，透過友人詢問授權改拍電影的可能性。於是我問和榆是否會繼續拍我的故事？他表示是有規劃，只是還不確定是什麼形式。既然如此，我就把自己的人生留給他拍攝，交給他拍攝的作品，我很安心。

出乎意料的是接下來的發展——作品竟然落腳在 HBO Asia。能把畢業製作搞成 HBO Asia 首部中文影集也太有事了吧！這下子我當然明瞭事情將會不一樣了，不再是過去那樣新鮮好玩而已，這一切勢必會影響我的生活。

人生啊！我只能望著天感嘆人生啊！不是出了書、整理好過往之後，就準備當家庭主婦，好好過上安生日子嗎？怎麼上天的安排比編劇寫的劇本還不合理啊！

當然心中也感到榮幸，可更多的是不可置信。面對這些複雜而不可預期的機會，也只能回到初衷，用最簡單的想法去面對：拍完這部影集就能畢業嗎？既然當初承諾過要盡力協助和榆畢業，那就拍吧！不能當個言而無信的人，說出口的承諾都要償還的。

意外的人生領悟

拍戲的過程也是有趣的，只是我的工作比較屬於一般人看不到的部分，例如在開拍前半個月，突然接到電話，說是原本答應出借的重要場景濟德宮可能生變，畢竟濟德宮是屬於媽祖的，但當初答應出借時並沒有請示過媽祖的意見，實在不妥，於是請劇組前去正式地向媽祖稟告借用。

無奈何當時三位劇組人員怎樣輪流擲筊都沒有擲出聖筊，只好臨時問我可否去幫忙？我便趕去濟德宮請示媽祖，向媽祖報告這群年輕人很用心拍戲，能把台灣民間信仰文化介紹給全亞洲也是好事，我們會用心拍戲、推廣正信正念，希望媽祖慈悲能幫幫忙。

當時媽祖回覆：不是不幫忙，一方面是劇組也沒說清楚這部戲要拍什麼內容？二方面是拍攝時程剛好卡到農曆七月的中元普渡，怕屆時無形眾生眾多，無法周全照顧拍攝與普渡的無形眾生。於是我自告奮勇提出只要拍攝阿飄戲就會到場陪同，尤其農曆七月時，只要有祭改場景也會在場，盡力保護劇組和演員不受無形眾生的干擾。

溝通完畢後再請導演和榆擲筊，連續三個都是聖筊，也算是《通靈少女》拍攝前的有趣花絮。至於拍攝過程中保護演員不受無形眾生干擾也自然不在話下，我是很盡責地在顧門口的顧問啊！

拍攝《通靈少女》是滿開心的，為和榆和麵包獲得這個拍攝國際影集的機會感到開心，自己能參與拍攝過程也感到有趣，至於後來的影響倒是始料未及。此事帶給我最大的感觸，就是再次看見生命的無常與自己的渺小。基本上，我們也只能用自己過往的經驗判斷，例如我以為《通靈少女》只是長一點的《神算》，沒想到對我的影響之鉅根本無從準備。又例如我曾懷疑過郭書瑤是否能勝任女主角？我對她的印象仍停留在很久以前，殊不知這些年她精進演技，早就成為專業演員。

透過《通靈少女》，我學到的重要一課是：**不要覺得自己想的都是對的**。若生活經驗單一、狹隘、片斷，體驗的人生自然也可能有所偏頗。有時候就摘下眼鏡，不預設立場地感受新事物，聽聽不同的意見；面對未知的生活，不要拒絕也不要全然沒有準備，該來的就讓它來，不安時就祈禱吧！秉持著善念，事情只會更好不會變壞的。

索語錄／

你對上天的祈禱肯定會有回應，
也不出這三種狀況：
1.給予所想要的
2.收到的時間還沒到
3.會以更好的形式給予

失算的通靈中古少女

原本我以為《通靈少女》也就是一部六集的電視劇，反正就是比短片長一點點嘛，差不多就是六個《神算》的意思吧？台灣電視劇近年來這麼委靡，我開電視只是收看棒球轉播和新聞，要我講出近期看過的台灣電視劇，還真的說不出來。

況且這部電視劇才短短六集，算是小品吧？又是學生作品，我也不過是故事的顧問，之前出書、跑通告、拍短片都沒影響到生活，沒事的、沒事的，不必杞人憂天，反正我又沒演！

但事情總不如憨人所想的那樣。我萬萬沒想到《通靈少女》播出後會受到這麼多觀眾支持，被關注的程度完全超乎我的預期。播出後的第一週，我還能開心地配合劇組安排的通告跑宣傳，到了第二個星期，我就開始吃不消了：辦公室的電話被打爆，總有人來辦公室想找我問事幫忙，我個人的手機基本上也不能接了。剛開始露出幾條新聞還覺得有趣開心，等到天天出現在新聞上，還有一些連我自己都不知道的內容，我索性連電視和網路都不看了。

第一次面對這樣的狀況，我不知如何是好，向公視和行銷公司反應，他們一方面樂見電視劇受歡迎，但另一方面也無法干預媒體報導，在我不勝負荷之下，只能建議我出國一陣子。於是我便隻身飛往東京投靠在那裡工作的女棒隊友，暫時遠離《通靈少女》。

總的來說，《通靈少女》是很美好的經驗，不舒服的是我還沒準備好成為公眾人物，以及面對生活中的各項改變。一開始跑宣傳通告時還算有趣，為電視劇宣傳盡點心力也是應該的，只是天天採訪、重複被詢問相同的問題，就開始變得不好玩了。

尤其我其實滿愛開玩笑的，隨口說的一句話或疲憊後不耐煩的情緒反應都被放大，成為其他談話性節目的主題，講的內容甚至是連我自己都不知道的事情，那可就不好玩了。

出門時不斷被指指點點，連我戴著口罩，甚至在東京都會被認出來，還有到處出現要找我問事通靈的陌生人，我的生活彷彿又被拖回那段在宮廟的時光，那種被迫通靈的痛苦與壓力整個掩蓋而來。我花了十五年的時間逃離過去的不快樂，怎麼又被抓回去，套上《通靈少女》的枷鎖呢？

被過去吞噬

每個人的人生有不一樣的辛苦，細數我的煩惱苦痛，也沒有那些生離死別、生病、離婚、外遇、失業等各種打擊，而是缺乏學習、效法對象的那種迷惘與痛苦。誰能告訴我什麼是真是假？我又何去何從？人們期待我為他們的人生指點迷津，那誰能為我指點迷津？這種困在心裡，又沒有著力點可依循的苦，也真是滿苦的。就像是胸口壓了塊大石頭，連呼吸都覺得困難，明明腦子也知道這是無明的煩惱，可搞定不了自己的念頭和情緒，就像是身體生病了，心也是會生病的。

隨著《通靈少女》電視劇的爆紅，這股無從預期的反應也讓我倍感不適，因為超出自己的經驗，又是出乎預料的發展。未知本身就是一種壓力，我以前也不知道被過度關注會那麼不舒服，無怪乎有些人開會發言、上台講話或表演時特別緊張，媒體連續好幾天的密集關注，對我而言還真的是不舒服，只能說我不是當藝人的料啊。

所幸這段時間還有很多人陪伴，以及過來人的經驗分享。前輩能給建言真是幸福啊，也勸我這一切都會過去，平常心過日子就好，這麼簡單的一句話卻有很大的幫助，因此我去東京看棒球，返台後就照常上班、教書，一切便恢復正常了。

我也對和榆與劇組感到歉疚，原先我以為能夠透過這部戲可以讓全亞洲看到台灣獨特的民間信仰文化，也讓大家知道這群平均年齡不到三十的年輕人有多優秀，只要給予舞台和資源，台灣的年輕人便能拍出優質戲劇，才不是不長進的草莓族呢！興許能給台灣電視環境帶來一點信心與實質的改善。

只是電視劇播出後雖然有相關報導，但遠不及對於我個人的關注。我很難過劇組的用心與成果被忽略，雖然和榆也安慰我沒那麼嚴重，但我心底仍然覺得事情走向如此，是滿遺憾的。

當時，我沮喪地問：「會不會我在棒球的努力，再也不會有人看見或關心了？」這十五年的努力到底算什麼？好像跑了一圈又回到原點。通靈少女？為什麼我一定要當通靈少女？難道我怎樣都不能活出自己想要的樣子嗎？為什麼我的人生永遠要被通靈綁住？到底要怎樣做，我才能擺脫？好討厭聽到「通靈少女」這四個字……

高中到大學那段在宮廟的時間，造成的傷害比我想像中的巨大，或者說，我一直用各種方式去對治：隔離、切割、否認、面對、書寫等等，也希望做了什麼事情就能解決。可是那段過去卻像是猛獸一般，出現一個事件的時候就會衝出來咬我一口；又像是黑洞一樣，一不注意就會被負面能量吞噬。

我實在不想費力氣處理過往十多年的事情，甚至想切割，但是直到去年我才想通：誰能夠把自己的影子割掉？有陽光的地方就會有影子。與其花力氣去踩影子、趕走影子，不如好好看看這影子是什麼樣子，與自己的影子共存共處。好好活著真的很不容易啊，得先學著自己先放過自己。

其實當我願意承認通靈經驗就是自己的一部分，恐懼不安也舒緩了很多了。**很多情緒反應得不是事件本身，而是我討厭自己。**

大學畢業後，我離開了K老師與L女的宮廟，印象中，離開的半年後宮廟也收攤了。可畢竟曾經相處多年，當時還有點情分，偶爾我還會想：是不是當時再多留一點時間，他們就會有所改變？還是我誤會了他們什麼？如果當年我再多做點什麼，會不會有什麼不同？

但《通靈少女》爆紅後，我就全然放心了，知道當時斷然地離開是最正確的選擇。當年的我只是一個高中生，全然相信他們教給我的世界觀、靈界觀，也全然信任地依照指示去做，即使心中有疑惑也不敢明目張膽地反抗，直到我的身心都出了狀況。大學畢業後，我決心要離開，畢竟再怎麼壞也是自己的人生，好歹讓我自己選擇自己承擔。

這十多年一晃眼就過去了，我不斷在學習、成長和進步，也交到許多愛我、陪著我的朋友，走出自己的一片天。儘管也是有憂愁與煩惱，笑容卻是日益增多，希望他們也要找到自己的快樂與人生的意義。

每個人都是獨立的個體，何況我不再是當年那個十幾歲、只會聽話的小孩了。而且，現在的我想對當年勇敢說不、決心離開的自己拍拍手：「索非亞，妳很勇敢，二十出頭要做出那樣的決定不容易，能堅持住更不容易，妳真的很勇敢！」

學會接納自己

而那瘋狂失序的兩個月，等我從日本回來後也慢慢回到正軌，返回忙碌的社福公益工作，並且備戰世界大學運動會。對於擺脫不掉的《通靈少女》，我也試著找到適應的方式。

當我體悟到有陽光也就會有陰影，過去不好的、受傷的經驗就如同影子，不需要急於擺脫或切割，因為都是徒勞無功的，不如轉而告訴自己：有陰影的地方也就有陽光，那我的陽光在哪裡呢？有時候則試著好好注視自己的影子，看看這影子從何而來？又是什麼輪廓樣貌？帶給我哪些無明的情緒？

這些事對我來說其實滿不容易的，等於要檢視從小到大的傷口，而且必須先揭開盔甲，偏偏那些盔甲已經穿戴許久、連皮帶肉了，一層層地剝開、看見與接納，就像是擦傷後得要清創，往後傷口才能癒合得好一樣。

從小我就是個「懂事又聽話」的孩子，是那種自律、不讓父母操心的孩子，一直以來的表現也不常讓父母失望，我不但能搞定自己，也能幫別人處理事情，甚至奶奶都要問我普渡儀式是否正確？我很習慣照顧別人，也被教育幫助別人是好事，只是當我半推半就地以通靈助人時，大人只教我盡量通靈、多多使用通靈，卻沒有教我如何拿捏分寸，甚至對我直言：「妳生下來就會通靈，就應該被當通靈工具使用。」

在高中與大學階段，我認為自己的人生意義是通靈助人，即使後來想過自己的生活，還是覺得自己的價值建立於幫助別人之上。別人的要求和需求都是比較重要的，我是因為被需要才存在。

猶記有時的我身心俱疲，想要休息卻被迫通靈，若是拒絕就被指責太自私，顧慮到自己也會被說是自私——「自私」一直是我的魔咒。

想要當好人並沒有對錯之分，可是當我努力當個好人而事情卻不盡如人意時，就會覺得很挫折委屈，認為肯定是自己還有哪裡做得不夠好。就算表現優異，也覺得是幸運、僥倖，自我價值低落。我想要努力活出自己的人生，卻仍然活在他人的期待與需要之下，因為每次我為自己著想時，心底卻先譴責自己自私。

所以《通靈少女》的播出給了我很大的挑戰，不是在於劇本或拍戲過程，而是它迫使我面對那段通靈的過往，學習接受無論好的壞的都是我自己，也開始允許自己有想法、有看法；**看見自己的價值、喜歡自己，就是與不堪的過往和解的第一步。**

我是透過一次次的書寫與對話，整理自己看見的無形世界，幫助自己認識自己。很有趣吧？我們必須透過與外界的互動才能看清自己。例如我被讀者問過各種有趣的問題：阿飄會放屁嗎？阿飄會長大嗎？說真的，我以前還真沒想過這些，也是由於劇組多次訪談，我才回想起過去不曾注意到的細節；也是透過別人的詢問和回饋，我才更認識自己一些。

而後又被稱呼或介紹是「通靈少女」時，我總自嘲地說大家弄錯了，通靈少女是郭書瑤，不是我，看我本人就知道怎麼可能是少女？請稱呼我「中古少女」！三不五時也經常被問到戲裡的內容，我便攤手說：「請冷靜，您看的是電視劇，不是紀錄片，沒有阿樂、沒有阿樂、沒有阿樂！」

某次合作的社福團體負責人問我：「我們單位有位婦女可否找妳談一談？」我說：「請問是受家暴或是性侵的個案嗎？我們有社工窗口，比較合適。」他說：「倒不是家暴和性侵，是她和男朋友分手後就走不出傷痛，都快樂不起來，想說妳能否跟她聊聊？」我說：「我也只交過一任男朋友，怎麼會覺得找我聊有幫助呢？」他說：「我看妳面對前男友意外過世，現在能過得這麼開心，想說妳能否分享自己的經驗開導她？」我只能說：「呃……我現在能過得這麼開朗，是因為我前男友還沒死啊！」

抑或是遇到國小的妹妹，一見到我就衝過來抱著我哭：「阿樂死掉了，妳怎麼辦？」媽啊，對十歲的孩子是要我怎麼回答？我便抱著她說：「就是要勇敢繼續活下去啊！」一邊安慰妹妹給她抹去淚水，還得一邊聽她說：「阿樂死掉我好難過喔。」我說：「是啊，我也好難過喔。」嘿，我是真的很難過，我的人生莫名地搞成這樣，還真的是有口說不出的無奈難過啊！

對自己的提問

人生的際遇就是起起落落的，雖然我被影集搞得很揪心，但上天給了考驗之後也會給予禮物。就在播出電視劇的那年，我被美國在台協會（AIT）提名參選美國國務院「全球運動導師計畫」，每個國家能提名一至二位女性參選，獲選者能在美國國務院和 espnW 的贊助下赴美受訓實習。

這個機會十分珍貴難得，得與超過一百五十個來自不同國家的優秀候選人，競爭十七個名額，經過幾關面試，包含最後兩次與美方以視訊面試，我得到了人生最棒的禮物之一：阿母，我要去美國國務院囉！

獲選「全球運動導師計畫」一事對我來說是莫大的振奮，雖然知道《通靈少女》的風波一陣子就會過去，只是當下仍會出現各種複雜的負面情緒，而且還是一時無法理清楚的情緒低落，尤其自我懷疑：是否我為棒球的努力與付出都不再被看見了？所以能被美方選入這項計畫，就是莫大的肯定，增強了我的自我價值感。

雖然收到消息以後，心中還是會忐忑：自己真的有這麼好嗎？到了美國，表現得不好會不會丟台灣的臉？但是美國在台協會在出發前鼓勵我：「又是書面審查又是面試的，能被選中就是代表妳夠好，不要懷疑了！」那時候的我開始相信，我的生命中不管有沒有「通靈」這段經歷，我都是很棒的人！

我被媒合的導師是美國職業冰球聯盟（ＮＨＬ）副主席 Susan Cohig 女士，實習的第一站是先到上海觀賞職業冰球比賽，再分別到美國首府華盛頓特區與洛杉磯上課。課程包含性別意識與自我探索的工作坊，除了室內的靜態課程之外，也會穿插動態活動，例如拳擊、體適能、舞蹈、瑜伽以及華府景點參訪，與我預期中「訓練」必須要很辛苦勞累是完全不同。

我以為受訓就是要操要苦、有血有淚才有效果啊，俗話說吃得苦中苦、方為人上人嘛！睡在比佛利山莊的海景別墅是哪門子的受訓啦？這讓我懷疑到直接問活動負責人，不是要「訓練」我嗎？

然而主辦單位告訴我們：「妳們是從全球兩百多人中精選的十七位潛力領導人，妳們的優秀能力與成就動機已無庸置疑。要成為領導人，更需要的是學會放鬆和照顧自己，只有妳自己的狀態好，才能做出好的判斷，也有魅力領導團隊。沒有人想要被一個很焦慮、充滿壓力、情緒不穩的長官領導吧？」還滿有道理的耶！如果我心煩意亂、情緒失控，別說領導團隊，就連基本溝通都有問題吧？誰會想要跟情緒不穩的瘋婆娘共事啊？

這也讓我學到重要一課：往往我只看見能力與事情，沒有看見「完整的人」。就像以前通靈只關注有阿飄嗎？阿飄趕走了嗎？還很困惑為什麼明明就沒阿飄還要這樣牽拖？殊不知有時阿飄只是一個現象或出口，不能看見當事人、以關懷人為優先，問題是永遠處理不了的。

之後，我便飛往紐約到美國職業冰球聯盟實習三週。每天，副主席的祕書會給我安排二到三個行程，例如會見主席與不同部門的主管，每個人會撥出半小時給我，容我請益他們的寶貴經驗；偶爾也受邀參與他們的會議，體驗他們的開會文化與做事方式。

我從不掩飾對棒球的熱愛，為此，副主席還特別為我介紹紐約大都會隊與美國大聯盟國際部，幫我約時間去拜會參觀、建立關係；當然還有帶我去看紐約洋基隊季後賽，以及在冰球聯盟ＶＩＰ包廂觀賽。

在美國，每天的我都很積極地準備會議、訪談，只有獨自在紐約街頭散步時，才能略略感到放鬆，因為美國國務院也不是出錢讓我吃香喝辣的，每一位計畫參與者必須在受訓的最後兩天，以網路直播的方式向美國國務院提交計畫，其中包含二十分鐘的發表與十分鐘的提問回饋。

我在實習的期間不斷思考：「我的人生到底想要做什麼？」趁著這段時間

同時請益與沉澱，我這輩子發生了什麼事情？為何會有那些情緒？我到底在意哪些事情？那些事情為何讓我如此過不去？到底什麼事情才會讓我快樂？我想要追尋的人生意義為何？很多人給我建議還有批評，但我自己的想法是什麼？我有沒有好好問過自己，與自己對話，而不是迎合他人的期待？

解開過去的結

經過與導師和主管們數次談話討論，我聚焦理出了人生中最喜歡的兩件事：棒球和助人。所以我的計畫就是透過棒球來幫助女孩，讓女孩們獲得健康與自信：empower women through baseball!!

想通之後，我整個人也變得很有自信和力量，那年同時也獲得十大傑出女青年（體育類）與台北大學社會工作系傑出校友的殊榮。過去我的觀念總覺得運動就是競技比賽，要競爭、奪金牌，成者為王、敗者為寇。但是在美國，運動是生活的一部分，任何一個人都能對不止一項運動聊上幾句，除了輸贏，運動也能帶給人健康與自信，也因為競爭特性，帶來自律、自我鞭策、團隊合作、突破極限的動力，運動和助人不是背道而馳。

棒球改變我的人生，也是我人生態度的最佳導師，往後我期許自己能透過棒球幫助更多女孩，這樣回頭看來時路，不糾結在那個過不去的點、放大痛苦，也就沒那麼難受了。

以前的我很厭惡通靈的過往，直到某次被問起：「難道妳都沒有幫助到人嗎？」我愣住了，想了想，好像也是有幫助到別人的時候，不然也不會持續這麼多年。只是我總是糾結於幾次不好的經歷，悔恨難過，以至於想要切割關於通靈的一切，沒辦法接受所有事物都會有多元的面向，不同的立場、經驗或時空背景就會有不同的看法。

這沒有對或錯，只是看待事情的角度不一樣，可我經常只糾結在某個未照預期的點，任由負面情緒掩蓋自己。例如《通靈少女》電視劇的內容大部分是正向的，既然電視劇本就是由我早年經驗為靈感而創作，觀眾誤會我能做紅龜粿、還有個前男友阿樂也是人之常情。

其實一切是我自己還沒有處理好過往的負面記憶，一不注意被電視劇勾了出來，才產生各種壓力與負面情緒。即使我不去面對，遲早也會被其他事件勾出來。

面臨自以為困難的「壞事」其實是個機會，藉此檢視自己不想看到的那一面，能看見了、度過了，日後回頭看就明白那是轉機了。

索語錄／

所有的安排都是最好的安排，
只是我們還不知道罷了。

回歸初始之心

偶爾有人會問我：「有沒有阿飄來找妳，要妳一定得幫他處理什麼事？例如念經或抄佛經給他？」我說：「當然會有啊，尤其是學生時期時不時地會發生。」對方又問：「那要怎麼處理？」遇到這種情況當然就是直接回答：「我幫你抄佛經，那你幫我寫數學作業嗎？自己的功課不會自己寫喔？」

本來就是嘛，每個人都是獨立的個體，就連孩子也是獨立的個人，不是父母的私有財產，每個人都有自己的人生功課，別說要幫助別人什麼，能不把自己的責任賴在別人身上就不錯了。

所以我總是很難理解，為何人們只要聽到有人說身後被阿飄跟或是冤親債主一堆，即使自己也沒看到就嚇得半死？還有鎮日懷疑自己被小人放符咒的。

過去擔任靈媒期間，經常要替阿飄翻譯，阿飄也都很敢開條件：小至燒多少金紙，大到雕刻神像供奉。通常當事人都會急於滿足阿飄的條件，就像是病人一聽到醫師診斷出疾病，通常會急於快點開刀，然後問吃什麼會好？趕緊把病灶消滅。有多少人會仔細詢問病因爲何？要改善哪些生活習慣才能舒緩病情，乃至於不再復發。

阿飄真的會傷害人嗎？為什麼會卡陰？為何單單找上了我？人的話不能盡信，阿飄的話就能夠盡信嗎？如果要問阿飄，他們可以給千百種版本，反正閒著也是閒著嘛！

近幾年台灣盛行不少「活出自己」的心理勵志暢銷書，大家開始審視人我之間的人際關係，包含華人社會比較少挑戰的親情。不如就把阿飄也當作人際關係的一環，個別是獨立的個體，因緣際會互相給功課是正常的，單憑阿飄的片面說法，不假思索就全盤接受，何嘗不也是陷入另類的勒索當中？

我也曾希望認真地藉由通靈來幫助人們，只是「人」的問題，成因往往很複雜，只被阿飄帶著走就像是被帶著四處繞遠路一般，可能一開始安撫了、看似有效，但一段時間後又會拋出其他條件和問題。生命消耗於此真的好累，永遠填不滿的慾望、完成不了的期待，那我自己在哪裡呢？

面對一切紛亂，我回想起：既然我和阿飄互動、相處一直沒啥問題啊，那麼為何會有消耗？怎麼會走到這一步？我回想著過去發生了什麼事情，為何我會這樣抉擇？如果一切可以重新開始，我又會怎麼做——是的，回到初始，雖然我無法搭時光機回到過去，但我可以檢視當時的初始之心來面對這紛紛擾擾的一切，了解自己在做什麼。

初始之心，簡單地說就是當初的起心動念，不參雜自己的慾望與利害得失，就算有自己的盤算，也清楚誠實地看見自己的盤算計較。這樣日後產生各種情緒時，比較不容易被情緒攪進去，否則連自己都不知道為何如此執著？為何自己那麼生氣？怎麼自己會如此看不開？

有時候，我也會感嘆，人世間的事情怎麼要搞得這麼複雜？只差恨不得剖開我的心展示。但從這些過程中，我慢慢學習到，眾人會有不同的看法是正常的，只要自己清楚明瞭、無愧於心就夠了。

人有各種情緒也是常態，就連植物人都有某種程度的情緒，平常人的心裡怎麼可能沒有起伏？能夠不被情緒控制就不容易了，不需要討厭自己有情緒，急著把負面情緒趕走，被情緒綁架著走也跟被阿飄架著走沒什麼不同。

我們無法讓大地都鋪上地毯，但我們可以穿鞋子行走，不埋怨世間路有這麼多荊棘和坎坷。永保善良的初始之心就是那雙好鞋子，讓我們能不受傷、不埋怨地走向目標。

把挑戰當修行

除了人生旅途中各種非預期的狀況與壓力之外，有時生命的禮物也滿沉重的。我並非輕鬆自在地獲得諸多光環，例如能夠入選美國國務院GSMP「全球運動導師計畫」很榮幸，能在美國華府被助理國務卿接見、接受外媒訪問也很光榮；由於美國重視女性運動的優勢，而後我又獲得二〇一八年富比士雜誌評選為「全球體壇最具影響力女性」第十九名，美國民主黨全國黨代表訪問團來台，指定要參訪我與服務的單位。就連美國助理國務卿 Marie Royce 女士來台，也邀我參加午餐會，分享台美體育與文化交流經驗。

然而這些意外帶來的榮耀，對我而言其實也是很有壓力的挑戰。站在風頭上，一面是光榮另一面就是壓力，一體兩面不能擇一。

我並非英文科系畢業，也沒餘錢去補習進修英文，每趟出國受訓差不多都是硬著頭皮上戰場的，準備那些英文資料、面試、受訪、演說，沒有一樣對我來說是輕鬆寫意的。這些是禮物也是挑戰，但一切都是依著我的初始之心而行：為棒球和弱勢婦幼發聲。

當我能保持住初始之心，過程中出現的挑戰就當成是修行，是生命要交代的功課，不去埋怨也不過度憂慮，只要確定前往的方向是原先設定的，並反覆地檢視、與自己對話：「這是我要的嗎？還是迎合別人的期待？」「這是我自己的判斷？還是大家都這樣說，我就跟著這樣做？」天天與自己獨處和對話，就像是對自己的初心時時拂拭，心裡自然能獲得清明輕鬆之感。

面對世事的無常，維持平常心是最難修持的，而回歸初始之心，保持簡單的動機與生活，是我同時面對有形與無形世界的方法。

索語錄／

譽之所至、謗亦隨之，
別對自己或別人太嚴苛，
知道自己在經歷什麼功課就足夠了！

第二章

修行的關卡

自從離開宮廟之後，我的人生際遇非常幸運，一股腦兒地投入棒球和學術研究中，每天過得非常充實開心。雖然也有各種困難，但我信奉「簡單生活」原則，凡事不要考慮自己的利益和情緒，事情也會變得簡單。

不過，我也不是很能理解為何人生要給我那麼多禮物，雖然有些是驚喜，有些是驚嚇，我都滿懷感恩地收下了。

就在我以為能這樣好好過日子時，一次意外骨折把我過重的得失心赤裸地攤在面前。藉著受傷、養傷，我得以好好面對自己，承認與面對自己的關卡，這個手斷得也很有價值。

英文有句俗諺：「如果你要走得快就一個人走，如果你要走得遠就一群人走。」修行是有伴更好過於獨自摸索，我很喜悅地分享自己這一段心路歷程，讓我們在修行路上彼此作個伴！

通靈人也空亡

我常常被問到：「阿飄在那邊幹嘛？」「為什麼會在那裡？」「怎麼不去投胎？」「妳怎麼不去問？」是說你當人都這麼多年了，你知道自己從哪裡來嗎？每天生活在幹什麼？為誰辛苦為誰忙？生活的目的是什麼？還想乾脆問你一句：「那你什麼時候要去投胎？」做人連等一下吃什麼都三心二意了，怎麼會覺得阿飄就有一致的答案？

我覺得很多阿飄像是「糾結的意識」、一個念頭的集結，想不通透就在那裡飄來晃去的，就算問了也問不出所以然。能力比較好的，似乎還有些功能，但與其耗費時間被鬼話連篇牽著走，我覺得看書、玩棒球或健身還比較不浪費生命。

我自己也常有想不通透的時候，尤其是看到有些人把人生過得稀巴爛時，我常稱之為 amazing（驚人）啊！明明知道會搞得更糟，但究竟是貪圖一時的好處，或者懶惰，抑或只是一時的情緒及面子，就把人生越走越歪，只能讚嘆 amazing!!好好的日子不過，總是要挑戰生命極限!!

偶爾朋友會問我怎麼不相勸，或是用命理提點對方？唉唷～～這種情況就叫做「空亡」，古時的黃曆憲書以十數為「旬」，天干十數、地支十二數互相配對，每個甲旬有餘下兩個地支無法配對成偶，稱之為「孤」（支孤無干），也就是「空亡」。

在八字命理上，空亡的意義為虛無縹緲的意識，表示無、消失、滅亡、徒勞無功之意。若命逢空亡之時，當事人可能會心情低落、心思不寧、心不在焉、精神恍惚、事情總往負面的地方想，運氣也不會站在他那邊，在那樣的狀態下，經常出現負面思考並作出錯誤的判斷。所以用台語更能生動地描繪：「人講不聽、鬼牽一直去。」白話翻譯就是：「**總是能夠最正確地做出最錯誤的決定。**」

所以規勸是白費功夫的，最多就是不多話地陪伴對方，因為旁人除了很容易會被拖下水之外，日後還會被怪說怎麼不夠溫暖？怎麼沒有幫忙？遇到這種要你當好人的，容我插話提醒：「幹話無誤，站著講話不腰疼啊！想當好人怎麼自己不去？」硬要給我胸前掛個「好人」牌子，我怎麼看都像是「智障」兩個字？

遇到身邊的人遭遇空亡，想幫忙卻不知道從何著手，該怎麼辦？最好的方式恐怕是「放水流」，過好自己的日子，等到對方的空亡期走過之後，你也才有心力與實力幫助對方。不然在前面過程就已經被對方氣得半死、友誼斷絕，甚至被拖累，日後要幫也使不上力或已經死心了。

何況有些人根本不想好，因為生病的時候可以享受憐憫與特權，幹嘛要康復？所以嘍，建議要設定一個停損點，不能無止境、沒有界限地包容支持，就像是某人要掉到洞穴裡面去，你在洞口抓著他是能撐多久？既然掉下去了，就讓他先下去落地躺平，休息夠了，再給他想個法子，看是要給繩子還是爬梯的？總比你也被拖下去，兩個人撐在那裡消耗或一起掉到谷底好吧？

那麼，自己遇到生命陷落、空亡期諸事不順，怎麼辦？其實就是在家睡飽就好，老老實實過日子，該做什麼就做什麼，意見或想法不要太多，反正不順的時候，做什麼都只會更糟；會因為自己努力而好起來的，就不是空亡了。

人生中總是會遇到某段期間，要做什麼都打不起精神，做什麼都不順遂，就算是沒做什麼也會被事情找上，即便什麼事情都沒發生或只是些小事情，心情就無端地低落，感覺再也快樂不起來、生無可戀啊！硬要逼自己去做點什麼也是徒勞無功，何不乾脆就放手讓自己好好休息？承認自己狀況不對，需要休息和好好照顧自己；該做的不是繼續各種消耗，而是放過自己。

至於怎麼才能避免空亡？傻孩子，按干支紀時，十個天干與十二個地支不重複地一一對應，就是我們熟悉的六十花甲。「空亡」是以十天為一旬，因為天干十個而地支有十二個，每一旬怎樣都會有兩個地支搭配不上天干的；這搭配不上天干的兩個地支，就叫「旬空」或「空亡」，哪裡是可以避免的？這就是大自然的定律。

俗話不是說：「風水輪流轉、三年一閏好壞照輪。」哪有什麼神奇的力量或法術讓人終身亨通？能夠趨吉避凶、降低傷害就很有福了。至於趨吉避凶的方法，無非是行善積德，那些幹話我就不多說了，去翻翻廟裡面的善書都寫得很詳盡。

但若是問：那索非亞妳講得頭頭是道的，妳自己有沒有遇到空亡啊？好歹空亡的時候講一下，那陣子妳講的話我就不要聽了。嗯哼，此刻的你在紙本上無法看到我的表情，我告訴你，現在我的表情就是大悲無言，淚水在眼眶裡打轉呢！

計劃趕不上變化

我想，比遇到空亡更難過的事情，莫過於明知道空亡將至卻無能為力吧？多少年來，我將自己武裝成鋼鐵人，保護自己活在玻璃瓶內避免受傷，自律簡單的生活方式將麻煩盡量降到最低。

我曾預測到自己將在三十四歲及三十九歲時分別遭遇空亡期，第一次為期半年的空亡期真的是不得了，我體悟到人生中原來有那麼多無能為力的事，因此用半年的時間將自己放逐到國外，差不多花了整整一年才把狀況調整回來。

度過那個諸事不順的三十四歲之後，我以為三十九歲的難關就算是苦一點應該還能撐過去，況且自己都有經驗了，可以預先做好準備——工作業績、行政流程、健康檢查，我預設讓自己當個大半年的廢人，也不要拖累身邊的家人朋友。

而且既然三十九歲的空亡也很苦，累積一些快樂的回憶也是必要的吧？於是我安排休假，帶著愛犬耶魯去墾丁打卡、造訪台灣的最南端，還有前往最佳棒球裁判夥伴、也是國際棒球和壘球裁判的王曉玲學姊家，一起去學姊夫的奇美部落泛舟。同事問我怎麼難得給自己放假？我說：「要遭罪了，所以先累積歡樂點數嘍！」

二〇一八年，我再度獲選國際棒壘球總會的世界杯女子棒球賽裁判，過完生日的一週後就要飛往美國。為求好表現，我在年初開始刻意健身減重，也提早兩天到達佛羅里達調整時差、體能以備戰。臨行前，我確實心有不安，總覺得會發生什麼事情，即使已是第四次造訪佛羅里達，我還罕見地特別拜託友人介紹當地朋友照應我。

總之，不知道自己以後是否還有機會獲選擔任國際裁判，這次執法一定要順利、必須要順利，什麼都不能阻擋我，failure is not an option（選項裡沒有失敗）！

「failure is not an option」是阿波羅十三號登陸月球計畫時，控制中心指揮官為了把太空人安全接返地球時所說的一句話。當初看電影時，對這句話印象深刻，也經常用這句話鼓舞自己勇往直前。二〇一六年前往佛州裁判學校受訓時，趁著假日到附近的甘迺迪太空中心參觀，看到寫著這句話的鑰匙圈，就買了隨身使用，我的個性也挺符合這剛毅的精神。

然而奉行不悖的座右銘卻在兩年後、在同樣的地方，讓生命又教了我另外一課。

比賽的前一晚，大會將開幕晚會設在甘迺迪太空中心，因為前兩年才來過，算是舊地重遊，心中又只有比賽、無心瀏覽，乾脆趁著夕陽美景在廣闊的中心跑步鍛鍊。

跑步是一件多簡單自然的行動啊……然後，我就跌倒了……

我真不知道自己為何會跌倒，沒見到有阿飄推我啊！但跑步有一定速度，加上是摔在水泥地上，跌倒的角度應該也有關係，總之我這個人做什麼事都很認真，就連摔倒也很認真，那下我真的摔慘了！

由於這一次慘痛的經驗，當我回顧受傷、空亡的整個過程，便試著把走過空亡期的轉折整理出來，發現空亡期的歷程可以分為四個階段：

1.命定起伏，無須自責

由於心裡總掛著「三十九歲會有個空亡的考驗」，出發之前也正好滿三十九歲，著實有些不安，不斷提醒自己凡事小心，也詢問佛州是否有友人能互相照應。

當晚那麼一摔，自知傷勢不妙，我心想大概就是考驗來了吧？除了不斷禱告，希望傷勢只是擦傷和拉傷，也感恩受傷的是左手，不是裁判必須要做判決的右手。

我不自責為何那麼不小心摔倒，或是埋怨自己為何就在比賽的前一晚受傷。既然是注定要遭遇的考驗，那就試著感恩其中正面的部分。我也沒花心思回想為何會發生此事，為何降臨在我身上？而是想著接下來該怎麼度過？我來這裡是要完成比賽，那麼我該做什麼才能完成這個目標？

於是我拍了傷勢傳給女棒隊友群組，問問她們該怎麼辦？幾乎每個人都說情況不妙，應該是斷了，要我馬上就醫。可是我一心只想完成比賽，便說：「這些我都不要聽，現在只要告訴我，該怎麼做才能完成比賽就好。」感恩有運動傷害防護專長的隊友小怪指導，我依照建議反覆冰敷，多數時間就坐在單人沙發上，受傷的左手則放在扶手上，剛好抬高。這期間因為身體發冷，我怕自己會休克，就把房卡交給香港裁判，請她時不時傳個訊息看我有沒有回應，若沒有就來房間查看。

面對它、接受它、處理它，既然已經發生，就面對與接受，並做出最適宜的處理。

2.一意孤行，錯失助緣

當時的我腦中知道要冷靜處理，卻沒自省到「一意孤行」也是空亡期的特徵之一。

賽事第一天，我就被安排兩場壘審，感謝香港裁判 Joy 幫忙，我才能穿脫裁判制服。由於當地天氣過於潮濕炎熱，有兩位裁判中暑倒地，其中一位還中風送醫，大會的醫療防護員忙得不可開交，也就無暇顧及我的傷勢。但這正中我下懷，我一直擔心大會得知我的傷勢而不讓我上場。

當時左手的傷勢真的很不妙，我心想骨裂大概是跑不掉了，因為整隻手瘀青發腫，手上原本帶著的金手鍊都陷進肉裡。其他裁判想提供我止痛藥，但我擔心藥物過敏而不敢吃，也有美國裁判想載我去藥房處理擦傷，我也怕被發現傷勢而婉拒。

直到賽事的第三天，我必須擔任主審。主審有一個動作是要用左手摘下面罩，而且這動作在一場比賽中會出現很多次。我實在沒辦法彎曲自己的左手，更沒有力氣拿取面罩，所以我跟裁判長坦承傷勢，希望他同意我在比賽中用右手摘取面罩。

他看到我的傷勢之後，不斷問我確定要繼續執法嗎？這事也驚動了國際棒壘總會的主管前來關心。在我堅持之下，他們同意我繼續比賽，但也要求我一定要每天讓大會防護員檢查傷勢。

第三天賽前讓大會防護員桑雅檢查傷勢時，我非常忐忑不安，很怕注重安全的美國人會把我送去醫院，不讓我比賽，因此在脫掉衣褲檢查前，我要桑雅先承諾：「一定要盡所有的努力幫助我完成比賽！」否則我就不讓她檢查。但看到我的傷勢，她直搖頭，只能先將我雙腳膝蓋及左手的外傷做消毒、包紮。

這時的我倒是有些後悔沒早點來檢查，因為執法時要穿著緊身排汗衣褲，前兩天脫掉衣物時總是連皮帶肉，差點沒把我痛暈，等桑雅幫我消毒清理和包紮後，穿脫衣物就沒那麼痛徹心扉了。至於左手骨頭部分，就請她在賽前用繃帶用力紮緊，讓我做判決時不會那麼疼痛。

左手受傷可以站裁判，但眼睛腫起來就看不到球了，而我對止痛藥過敏的徵狀就是雙眼浮腫，因此也只能婉拒桑雅提供的止痛藥。那時每天最疼痛的應該是消毒傷口吧，我多半是咬著毛巾完成的。

而未服用止痛藥的我，大半時間就坐在沙發上打坐、念經，不斷禮拜、祈禱，希望睡一覺起來就康復，可惜並沒有。倒是過去打坐累積的經驗仍是有用處的，我就這樣撐完將近兩個星期的賽事，除了站主審時又被打到左手很悲情之外，好歹我把比賽站完，了無遺憾。

說是了無遺憾，可事後回想，我也真弄不明白，當時自己為何會固執己見？受傷的事除了女棒夥伴之外，連我父母都不知情。返台前，我則請外甥帶著健保卡到機場來接我，也通知辦公室，返台隔天一早就會回去上班，但長途飛行加上艙壓讓左手腫脹疼痛得更厲害，下了飛機之後便直奔醫院急診室，要消毒傷口、打一針破傷風、拍個X光片確定骨頭無大礙。

那時我心想，不過就是皮肉傷嘛，也不過就是左手嘛，其他部位都好得很，大概就是抹點藥膏，一、兩個星期的事情就完了。

不過急診室醫師卻往我這兒走來，用很嚴肅的神情問：「妳是什麼時候受傷的？」我說：「八月二十日，在美國。」他又問：「妳都沒去就醫檢查？」我說：「沒有，但是有防護員照顧我。怎麼了嗎？」他說：「斷了。」我說：「不可能，頂多是骨裂吧？」他說：「妳自己進來看X光片。」這下子換我傻住了。在我看得似懂非懂的X光片上，醫師指著說：「尺骨骨折，非常明顯，斷得很徹底。」

隔天一早我進了辦公室，同事和具有醫療專業的朋友都很火大，要我馬上回醫院，但我還是不明瞭事情的嚴重性。到了朋友介紹的外科門診掛號之後，醫師再度不可置信，要我立刻住院，隔天手術！我才明白一意孤行讓自己承受多大的風險，尤其是處在潮濕炎熱的佛州，我很可能感染、休克，得到蜂窩組織炎或敗血症，甚至可能要截肢或是有生命危險。

好吧，我承認那時候的我空亡了！當時就算是先去藥局消毒外傷也好，要求只擔任壘審、不當主審，傷處就不會被球打到……總之還有許多降低風險的好方法，我卻執意用最蠢的方式。

不過即使在空亡或低潮期，上天也沒有要把我給滅了，還是給了我很多助緣機會，減輕痛苦和傷害。只是當時的我一意孤行，忽略了旁人的建議與幫助，現在回過頭來看，真想笑自己傻裡傻氣白遭罪，希望大家動動腦，不要與我一樣啊！

3.沉澱休養、靈魂對話

可能是在美國期間疼痛了太久，加上生平第一次全身麻醉，我的體質又對止痛藥過敏，骨折術後真的有夠折騰我的。過往那些打坐都使不上力，生活起居需要他人協助也打擊自尊，工作上還要請假、讓同事代勞，對我來說更幾乎是恥辱。

在日常的全面失控下，我身心俱疲，好在朋友們不但很照顧我，還分享自己的低潮經驗，尤其是過去曾被我照顧的過往。我學妹說：「我也有很糟糕低潮的時候，受許多人幫助，包含妳的幫助，才慢慢好起來，我現在不也好好的？妳偶爾讓我照顧一下又何妨？」他們不斷安慰我低潮是每個人都會遇到的事情，沒什麼不好的，就趁機好好休息一下吧！所以在她們的幫助下，我得以安心地沉澱休養。

每個人難免都會有走鐘的時候，如果光是努力就能改善的狀態並不叫空亡，那是本來就努力不夠。空亡最神奇之處就是越努力還越淒慘呢！最正確地做出最錯誤的決定，還聽不進旁人的勸告，直往死胡同裡面鑽。

但如同前面所述，空亡是正常的生命起伏，即使是通靈人或修行者，就算能提前算得空亡來到，還是要親身面對、無可迴避。既然這是正常過程，不如思索為何天地生命會有這樣的安排？

有個比喻是說，人不可能一生平順、沒有波折，如同心電圖一樣，既有心跳，自然就會有高高低低的起伏，若都是平平的直線，那就是生命結束之時。所以不需要討厭空亡、避開空亡，我把空亡當作是生命的強制重開機，給自己沉澱休養的機會。

當你覺得自己怎麼做都不順，感覺悲觀、恐懼，困難一項項接踵而來，無論怎麼判斷、做決定卻搞得更糟，這時候，親愛的朋友請不要掙扎，生命的陷落就是要讓你身心都好好地休息。**多數人遇到低潮時，總想著：應該要拜什麼？做什麼？其實不作為也是一種作為啊。**

身體的疼痛和疾病是肉體發出的訊號，心中的各種情緒也是一種非語言的對話，那麼空亡也可以被視為靈魂正與你溝通，畢竟平時總忙著各種外務，很少有時間靜下來傾聽自己靈魂的聲音。

因此遇上空亡低潮時，內觀就是最好的對應。說內觀可能有點文謅謅的，其實簡單來說就是：練習放鬆、自我覺察，如此才接收得到來自靈魂的訊息。

4. 修復關係、重新出發

手術後沒多久，我便遇上《通靈少女》第二季要開拍，感恩劇組很照顧我，我在這安全和溫暖的支撐下，一點一滴拾回過去的記憶，試著擁抱過去的自我，告訴自己：「已經盡力了，沒有關係的，妳可以快樂的。」同時試著和過去的自己和解，不再指責、無視、切割，畢竟就算用盡方法切割過去，只是迫使自己不去看見，但過去從未離開也不可能消失。

我理解到要是切斷自己的一部分，自己就不完整了，而不完整的我又怎麼會快樂？於是我開始練習把心思放回自己身上，好好照顧自己、觀照自己的身體與情緒。

慢慢地，身體獲得從未有過的輕鬆與柔軟，我也比較喜歡這個會照顧自己的我，因為我能感到幸福，同時身邊愛我的人也幸福；彼此的能量不是單方面的流動，而是交互流動、傳染，既輕鬆又溫暖。**原來被照顧也是一種愛，愛與被愛都需要練習。**

這些年來，我總是把自己的生活塞得滿滿的，非常忙碌也享受忙碌，即使旁人勸我要好好照顧身體也不在意。這是我自以為的「把握光陰」、「珍惜生命」，甚至覺得只要能幫助到別人，就算被他人利用也無所謂。

記得手術結束之後，我還在病床上，已接到訊息希望我幫這個幫那個，其實當下心裡很難過。我問對方：「我的麻醉都還沒有退，你是否應該先關心我手術是否順利呢？」當我婉拒友人見面幫忙的要求時，對方說：「妳不是昨天出院了嗎？開刀都把骨頭接好了，為什麼不能幫我？」

若不是趁著這次空亡休養，我不會學著照顧自己，也不會傾聽自己內在的聲音。過往的我在忙碌中錯失了許多風景，沒有機會感受多少人愛我，也沒有好好回應他們的愛，我應該把時間和關懷放在愛我的人身上，而非瞎忙於不關愛我的人。

飛機上的安全宣導短片都有這一段：氧氣罩掉落時，請先幫自己戴好，再去幫助身邊的人。很多人往往熱心照顧他人，卻忽略照顧自己，或照顧自己時也會過於偏重某些面向，像我就是長期忽略身體疼痛以及過去的創傷經驗。感冒生病了知道要去看醫師，沒有人會覺得羞恥或能力不足，心理出狀況也需要求助精神科醫師或諮商師，被照顧也不是能力不足而要感到羞恥。**我不需要很優秀或是有利用價值才值得被愛，我們本身就值得被愛。**

我感恩這次空亡期讓自己學會更愛惜愛我的人，平時看心理勵志文章，腦子知道，行動卻沒跟上，但親身經歷之後可是覺醒到骨子裡，對於那些在低潮時更關愛我的友人們，更是由衷地感激在心。能感受到無條件的愛真的很溫暖，愛是所有創傷最好的修復劑，我感到更安全、更放鬆，也更願意敞開心胸去愛。

經過這次低潮，我才有機會休養並獲得這些體悟，如果我很愛某些人，但對方只是利用我，那麼我會很傷心；但同樣地，世上也有一些人，不是要利用你也沒任何企圖，他們就是愛你，多難得的情誼，不好好回應對方是多麼糟蹋福報啊！

現在的我學著調整人際關係的距離，不愛我的人就不要太費力回應，愛我的人就好好珍惜，甚至要主動關懷，好好分配自己的時間與精力。生活當中最費力傷神的就是人際關係，如果人際關係能處理得宜，自然少去很多煩惱與麻煩。本來嘛，事情沒什麼不能解決的，惹出麻煩的都是人，藉著休養沉澱，對內傾聽靈魂的聲音，對外則梳理人際關係，趁此調整腳步再出發。

累積福報存摺

這次受傷期間有太多幫助我的人，例如陪伴我、替我承擔工作的學妹們，允許我安心休養的工作單位，關愛我的家人友人以及醫術精湛的醫護人員們；有些人可能骨折休養兩個月就丟了工作、付不出房租或是斷炊，我卻有西醫、中醫、復健科的照顧，生活上有家人朋友的照應，以及情緒上的支持愛護，才能很快度過這次空亡。當我心懷感恩地感謝時，家人朋友說：「平常妳也都對我很好啊！」

我們不該將每天所享有的一切視為理所當然，對一切都當懷感恩之心，慶幸自己能享有這些恩典福報。讓我以「福報存摺」來打個比喻，除了銀行裡看得見數字的存摺，我們還有一個看不見的福報存摺，當我們培福積德就等於是在福報存摺內多存一點。如果今天你的存款有五萬元，卻要有四萬元的支出，是不是感覺很心疼？倘若意外支出得要十萬元，豈不是傷筋動骨？而且差額的五萬元還找不到家人朋友借，只能心急如焚、大傷元氣。

不過若你的存款有一千萬元、甚至一億元，那麼少了四萬、十萬的，應該頂多可惜一下吧？生活中難免有些意外挫折，對有些人來說是重大打擊、一蹶不振，對另外一些人卻可能只是難過一下，其中差別就在平常的耕耘。

既然生命的陷落不可避免，但如果傷害是自己能承擔的，也是件萬分感恩幸福的事。所以咱們銀行的存摺要存款，另一本無形的福報存摺也別忘了多少要存一點喔！

索語錄／

每個人都會有陷落的時候，
並不是自己做錯了什麼，
只能平時多存點善功福報，
遇到要支用時不至於透支，
能讓傷害減輕到最低。

通靈人身在肉體

事已至此，我也還能繼續開玩笑，覺得如果三十九歲的空亡陷落只是左手尺骨骨折也滿好的，大概是平常行善積德吧！這樣就能過關了還滿感恩的。每當有人說骨折了還堅持近兩週才就醫是在玩命，我便笑回：「因為進不了棒球名人堂，試試看棒球忠烈祠有沒有機會啊？」殊不知骨折僅是破題，文章還在後頭呢！不然我也不至於感嘆到想要寫這本書。

在手術之後，好一陣子的我都在懷疑人生、笑不出來，想到過去的書裡面有些內容也太天真、太幹話，因此覺得不分享後來的這段旅程，實在對不起過去的讀者。

我一直覺得自己很堅強，也對自己的意志力自豪，甚至會苛責一些朋友，覺得他們應該更努力、獲取更好的成就，恨鐵不成鋼的意思濃厚，相信身邊的朋友多少也感受到那種壓力吧？但我是不自覺的，除了本身身體底子好，也多少注重鍛鍊，加上過往的經驗讓我練就一身隔絕情緒的功夫，在意志力的主導下，我眼中只看見目標，忽略過程中的負面情緒與身體負擔。

既然我一向用這個方式做得到，也期待別人應該能做到，如果沒有就是不夠努力、對自己太溫柔太怠惰了。直到動完全身麻醉的骨折手術，生命給我重重一擊——原來我用盡意志力也控制不住自己的身體與失速墜落的情緒。

骨折修復手術很成功，尺骨裡打了兩根長長的釘子，也綁了鋼繩，但麻醉醒來後的我感到頭痛反胃，還有傷處從外部痛到骨裡，再從骨裡痛出來般地超級疼痛。

護理師安慰我，說打了止痛藥但得等幾分鐘才生效，在昏昏沉沉中，那些吸納打坐都不知道跑哪裡去了，我只能虛弱而勉強地感謝護理師，順道問她：「唉唷，怎麼這麼痛？不能幫我全身麻醉兩天，等傷口好了再叫我起來嗎？」

開刀前，我曾詢問醫師能否手術隔天一早就出院，這樣就趕得上已安排好的會議。醫師只表示：「妳能出得了院就讓妳出院啊。」手術當晚，我沮喪地和同事說：「明天的會議妳幫我開吧，看來我得再多住一天。」但多休養一天後我便急著要出院，因為快要年底了，隔天有個重要的廠商募款會議可不能再缺席，反正我有意志力嘛！意志力也確實讓我完成那個重要的會議，只是結束後，我直接請夥伴開車載我直奔中醫診所，真的撐不住了啊！

術後的兩個星期間，事態是每況愈下，我越想打起精神按照原定計畫工作，身體的疲憊與疼痛越發讓我力不從心，對自己更是失望和生氣，覺得自己很沒用。加上我的手術之後，家父也面臨一個大手術，形成病人照顧病人的局面，對父親健康的擔憂更像是一個漩渦，我連呼吸都感到費力。過往的靜坐、念經都無法讓我靜下心，負面的情緒也不斷湧上心頭，根本來不及排解。

這時，我這才體認到：修行不只是腦子和心理，肉體是經常被忽略的，沒有健康的肉體乘載運作，修行只是空談。

身心安頓才能服務

過去曾多次被通靈朋友請教求助，聽了許多哀傷的故事：有通靈的感應與經驗後，被介紹去老師那裡，老師囑咐要修行、為神明辦事。服務的那幾年操勞奔波，工作有一搭沒一搭，感情因修行而錯過，身體也不堪勞累出狀況；年屆五十，沒有穩定的工作收入，隻身一人無家庭，只剩下經常病痛的身軀，修行這條路不知道該怎麼走下去？我也只能勸勸他們，過去發生的事情都有意義，試著從中體悟，再把往後的日子一步步過好。而過好的第一步就是把身體照顧好，身體健康安頓好了，才有穩定的基石承載其他部分。

我自己很幸運，早早在大學畢業後就決心過好自己的日子，還有足夠的時間和資源回到學校進修，並闖出棒球的一片新天地，可是我並沒有完全拋棄通靈。雖然我也花了十多年的時間隔離、切割，但這當中因為出書寫作，還有攻讀宗教研究所的關係，即使沒有使用通靈的能力，卻也不斷地在反思和整理，從不同的角度一遍遍地審視自我，所以沒有真的「拋棄通靈」，而是找到比較舒適的自處方式，分配精力與時間，也記得要經營自己的健康、家庭、朋友、工作。

通靈服務不是唯一要緊的事，活出自己才是此生最重要的功課；給神明一個交代很重要，最重要的是要給自己一個交代。通靈幫人解決健康問題，那自己的身體健康呢？

照顧身體並非一蹴而就，車子都得定期保養了，何況是不曾停機的身體。但許多病人有個特色，喜歡問：「那吃什麼會好？」就連通靈人自己也會趁著溝通之便，想走捷徑解除病痛。

曾有病患來找我醫治，通靈後我寫下一帖藥方，囑咐她到中藥行抓藥，一日三帖，連續七天或可見效。

對方面有難色地問我：「蛤？還要到中藥行去抓藥喔？怎麼煎藥水？這我看不懂，我不會耶。」我說：「妳拿著去問中藥行就好，他會教妳，也可以問問能否代客煎藥。」對方說：「喝這種藥水很不方便，不能開別種藥喔？」我說：「不行，藥方又不是我開的。」對方：「要喝這麼多次喔？不能一次就好喔？」我說：「不行，我只是翻譯。」對方：「我要上班真的很不方便，不能有簡單直接的方式嗎？」我說：「喔有啊，那就吃麥當勞吧。」對方大驚：「真的嗎？吃麥當勞嗎？」我說：「嘿啊。」對方：「那吃麥當勞會好嗎？」我說：「不會啊。」對方：「那妳幹嘛叫我吃麥當勞？」我說：「妳不是上班很忙，要簡單方便嗎？」對方：「我是真的身體很不舒服才拜託妳幫忙的。」我說：「是啊，我是想幫忙啊，不然這樣吧，妳來通靈開藥方，我去藥房抓藥，這樣總行了吧？」

不用懷疑，這種對話案例還不止一次，難道要我灌一些澱粉膠囊來賣妳才甘願嗎？維護健康得付出代價，即使是通靈人也不例外。通靈人也是人，也在肉體之中修行啊！

通靈人經常被期待成為「神明的代言人」，為此不知道有多少通靈人犧牲日常生活啊！為了服務神明、幫助眾生，自己變得好渺小，為了滿足別人的慾望而存在，甚至操壞自己的身體健康也無所謂。嘿，**神明找你當代言人為民服務，神明又沒有封你當神啊！**學會當神之前先學做人，既然還身在肉體當中，肉體健康也是不可迴避的修行部分。健康這一科當掉了，其他科目分數再高也是無法挽救的。這不僅僅是為了自己，也是為了我們要幫助的對象，如果通靈人不能了解人被肉體影響，又怎麼體會與引導他人呢？

過往我在為信眾服務時，由於無法體會他們的煩惱與痛苦，所以對信眾的反覆提問感到不解與不耐。或許信眾當下很困擾的點，我卻覺得沒什麼，不覺得有必要處理、給予建議，我只專注在處理無形，而不是在幫助人。回頭來看，真的是滿失職的通靈人。

因此通靈人也需要注重自身肉體照顧，除了健康的身體能讓這條路走得更長久之外，也更能體會他人的身心狀況，做出適切的建議，引導求助者注重自我的平衡。

這不代表面對疾病困頓的人就無法好好修行，相反地，這些人正是在修行當中。不同宗教都不約而同有著類似的看法：病痛能相當程度地消解業力、罪過。病痛不全然是壞事，而是生命歷程中不可逃避的一部分，只是病中的修行更加艱鉅困難，更應該珍惜愛護健康時的我們。

我自己是在骨折之後才體認到肉體影響之巨大，不是靠著意志力就能征服一切。當我開始感受到疼痛、無能、沮喪等種種負面情緒時，更覺知到過去只是把自己的感覺與情緒隔絕在玻璃瓶內——沒有感覺就不會受傷。但現在開始，我有各式各樣的感覺了，我知道，下一個關卡要來了，而我選擇去面對。

索語錄／

冠上「修行」，
就很容易偏重精神層次，
但人是活在肉體中，
與身體共存也是修行的一部分。
身心是交互影響的，
兩者都要同時照顧喔！

通靈人的內心戲

真的不忍心告訴你，這個世界只是一個夢。
你一輩子執著的子女，只是你的一個緣。
你一輩子放不下的家庭，只是你生命裡的一個驛站。
你所追逐的感情和名利只是一個自我意識的幻影。
夢醒時分，空空如也。
滿世界都是你的，整個世界又都是空的。

《大寶法王——噶瑪巴千諾：這個世界只是一個夢》

從小，我得面對各式各樣的問題，雖然不是自己親身遭遇，但是我常被期待要找出原因、提供解決的方法，例如：卡陰、中邪、外遇，沒桃花有事、爛桃花也很有事，不然就是生意不好、被倒債、想投資或是想發大財；當然也有久病不癒、罕見疾病、月經不來、懷孕懷不上又或是墮胎太多次。不要說影劇裡演得荒謬，現實生活中更多匪夷所思的故事，放學後到宮廟裡幫忙，好像是踏進九又四分之三月台，進入另一個光怪陸離的異想世界，真心覺得自己是投胎的時候下錯站了，有沒有誰可以快點接我回家去啊？

來宮廟求助的通常不會出現好事，而我其實還滿容易受到感染。記得國小時到醫院裡幫忙，看到人將過世卻留不住，家屬沒哭，我已經哭得稀里嘩啦。至今還有印象自己坐在計程車裡止不住哭泣，不知道該怎麼挽回或幫忙。

到了高中把通靈當工作後，這樣日子可該怎麼活喔！生存的本能讓我開始學習抽離自己，讓通靈的那個「我」與我無關，這樣信眾的痛苦就不會感染我，我不至於有過多的情緒起伏。這種解離的狀態也發生在許多遭遇巨變的受害人身上，因為太痛了而產生解離，想像受傷的不是自己，才能繼續活下去。

只是久而久之，我也日漸麻痺，連我都找不到自己。記得當年進入臺北大學社會工作學系就讀時，還有老師以為我是僵直型精神分裂病友。我活得十分僵硬、沒有情緒、沒有表情，像個機器人一般，只是功能比較好的行屍走肉，別說對於別人發生什麼事情沒感覺，就連自己當下如何也未必清楚。越是沒有感覺，活得越不痛苦。只是沒有感覺的人，這樣活在世上又有什麼意思呢？

一般高中生、大學生感興趣的，舉凡追星、流行音樂、偶像劇、八卦，我統統沒有興趣。我就像從墳坑裡爬出來的，一無所知也沒有感覺；遭逢宮廟中各種有形無形的壓力時，我也不跟任何人透露傾訴，反覆讀著《論語》與《道德經》就是我的慰藉。

同學們當然會覺得我有點怪，我也不否認自己確實有點不太青春，只是我一點也不想改變。我覺得沒有七情六慾挺好的，至少這樣可以少卻許多煩惱，更可以保護自己不至於受傷，讓一切雲淡風輕，那時候以為修行人不就該是如此嗎？

等我甩開靈媒身分、回歸日常後，我開始想要變得正常一點，至少期待跟同儕一樣，體驗人生各種經歷、酸甜苦辣。除了正常地上班工作，也學著看電視劇、聽流行歌曲，甚至也與前男友談了一段為期四年的戀愛。就在我看似回歸一般人的生活時，心裡卻覺得仍有些地方很不一般，常被認為太理性、僵化、沒有彈性，但我自己也很納悶：不會吧？大家該過的生活我也都照著過了，也很願意嘗試，到底是哪裡出問題了呢？

找出人生答案

一開始，我以為可能是過去經驗扭曲了自己的性格，讓我缺少那份人味，所以還滿努力貼近朋友。只是對事情的看法與情緒、反應還是與旁人差一拍，我都懷疑自己是否因為頭常被棒球打到，造成腦傷呢！可是每次被棒球擊中都有去醫院檢查，診斷出腦震盪也都有休養，醫生都說沒問題的啊？

這些疑惑終於在前幾年，我配合了一個馬來西亞的靈異節目《超自然象限》後，找出了解答。這個馬來西亞的靈異節目相當有趣，是藏傳佛教的仁波切為了宣揚正法，讓民眾多了解靈異現象、不至於迷信而製作的電視節目。前面幾季的內容主要聚焦東南亞，二〇一六年則將觸角伸到了台灣，於是製作單位聯絡我，但我沒有意願受訪，便推薦了台灣其他通靈相關的老師。

過一陣子之後，製作單位還是希望我能接受採訪，並提出以科學偵測腦波的方式來參與通靈實驗。這倒是引發了我的興趣，其實我也滿想了解自己的腦袋裡到底發生了什麼事？

於是大學的物理教授團隊設計了一組牌卡，分別有三角形、正方形、水流等幾組圖案，受測者則在實驗者抽取牌卡後，使用通靈能力感應對方看見什麼樣的圖案。同時，受測者身上會裝接儀器，測試感應過程中的大腦腦波。

主要的受測者是台中的一位通靈老師，當我抵達實驗室時，實驗已經開始進行一陣子了。不過我當場了解實驗規則後，一旁的張蘭石教授倒勸我三思。我很納悶：「不就是要來做實驗的嗎？」張教授表示，這樣的實驗最好是經過練習，且受測時間、身心狀態、環境等物理條件也會影響通靈結果；若我完全沒有練習過就進行測試，萬一測驗結果不理想，恐怕打壞我通靈能力的招牌。

我很感謝張教授這麼為我著想，還真沒有思慮這麼多。通靈對我來說就是翻譯，翻譯的準確度連我自己也不太清楚會受到哪些因素影響，只覺得就測試看看吧，我也好奇想知道自己是不是真的有通靈能力？搞不好我是精神疾病患者呢！所以我還是堅持希望能受測試。

張教授則轉而勸我不要急於在今天受測，等我練習一陣子，改天再接受實驗。可我擔心節目團隊在台灣的時間有限，怎麼可能另外撥時間來拍攝？何況還要實驗團隊也能配合，實在太大費周章了吧？

就在僵持不下的時候，我心生一計：「你們節目不是想探討通靈時的腦部活動嗎？我自己也很想知道，這樣吧，我直接來通靈你們主持人如何？」拍攝團隊和主持人自然喜出望外，馬上決定就這麼辦！

於是我就在整個腦袋、雙手裝上一堆電線，攝影團隊在封閉的實驗室中架好器材，我就對著主持人通靈一番。

當時，我見到主持人左後方有個靈體，它阻止我進入通靈的狀態。我描述了那個靈體的長相，包含它手上的法器和坐騎，主持人表示那是她的護法神。我請主持人轉告那位護法神，我沒有惡意，只是想完成通靈過程的實驗，請它不要阻止我通靈感應。之後我順利地得到更多訊息，例如主持人的身體健康狀態、近期遭遇困難要注意之處，還有她的護法神曾經跟她說過的話。

這段實驗的時間不長，不過主持人和拍攝團隊挺滿意的，她說她主持了幾年靈異節目，訪問過許多通靈人，算是第一次有人能直接描述出她的護法神，以及她與護法神之間的對話。

不過我自己倒是對腦波實驗比較有興趣。一般來說，人類在正常生活對話時，腦波會呈現「貝塔β波」，而作夢時或是五歲以下的小孩會出現「阿法α波」，因此原先的實驗預期是：講話的時候會出現貝塔波，通靈的時候則出現阿法波。我超想知道，我是真的會通靈？還是這一切都只是我的幻覺？

完整的實驗結果約莫一、兩週後才出來，我去學校遇見張教授時詢問實驗結果，他很興奮地回答：「索非亞，妳一直都在作夢！」我說：「啊？我是想問問之前的腦波測驗結果如何？」張教授才說：「我說得太快了，腦波實驗結果呈現妳一直在作夢！」我更糊塗了：「我現在正在跟您講話，又沒睡著，怎麼會是在做夢呢？」張教授簡單地解釋了阿法波和貝塔波。他說：「因為妳的施測結果，從頭到尾都只有阿法波，沒有貝塔波，所以我才說妳都在作夢，沒有醒來過。」

這真的是太有趣了！一個出乎預料但也非常滿意的答案，這可以解釋為何我不必透過特定儀式，就能常常見到無形世界，也無法找到開關開啟或封鎖——我根本就是在做夢，或者說我一直活在夢境中！我會通靈是真的，也是假的，我看到的都是真的也都是假的。當然還有我最在意的一點：「發生這一切，不是我生病了也不是我做錯了什麼！」

重新認識自己

其實多年來我對於通靈的態度十分矛盾，有時候覺得很好，可以幫助人，可是涉入人的事情太多，又覺得好負擔。小時候聽聞是上輩子做了壞事才會這樣，可是我這輩子很努力做好人，對上輩子的事情又沒記憶，為何讓我從小就要承擔這些？為了探究自己到底發生什麼事，我找了許多資料。有些人說我這樣是精神疾病或幻覺，而當我想說出自己看到的世界，希望有人能幫助我釐清時，有些人還沒聽內容就先罵怪力亂神、神棍、騙人。其實我何嘗不也是在摸索，我比任何人都更想知道自己發生了什麼事？為什麼會發生在我身上？

一切有為法，如夢幻泡影

如露亦如電，應作如是觀

《金剛經》

很開心這個腦波實驗讓我知道自己是個正常人。推敲起來，許多小小孩都有靈視、看見阿飄的能力，只是長大後漸漸生疏，或許我是因為小時候經常練習與無形眾生溝通，所以成年以後才沒有消退。再者反正人生如夢嘛，就不要把發生的這麼多事情往心裡去，不管是投胎下錯站，抑或一切是夢境，我就當作這一切都是夢。就連腦波測試都說我在作夢了，那就別想太多為什麼，老老實實每天該做什麼做什麼，日子就平常心地這樣過下去吧。

但好景不長，即將進入中年的我又面臨下一個關卡。平時的我把事情塞滿滿的：上班、棒球比賽、教書、公益活動，還經常要出國進修、比賽或演講，每天行程滿檔，忙得不亦樂乎。旁人都覺得我精力旺盛，體力超乎常人，我則歸功於意志能克服身體勞累，還滿開心自己能夠同時處理這麼多事情，如此精采繽紛的人生，不論哪天離開都不覺得遺憾！直到我骨折手術後，一切開始變調，原來我並沒有自以為的好好的。

在美國尺骨骨折的時候，我告訴自己一定要完成比賽，只不過是左手和膝蓋受傷罷了，把專注力放在比賽、無須理會疼痛，就這樣沒有服用一顆止痛藥也撐過來了。

返台動手術時，我告訴醫師手術完成後，隔天一早就要出院——當時我覺得肯定沒問題啊，是能有多痛？只要我呼吸吐納、靜心專注，就能隔離疼痛。只要發揮意志力，沒什麼做不到的。

但從術後的全身麻醉中醒來之後，疼痛遠超過預期，別說要用意志力隔絕痛楚，我根本全身都痛得要命，要隔離只能讓整個靈魂出竅吧！

接下來的時間我還是努力振作，試圖維持平常的生活作息。可是我太高估自己了，我根本做不到，只能和同事不斷道歉，覺得受傷的自己實在太給大家添麻煩了。

不過福無雙至、禍不單行，在我左手還吊在胸前時，家父也面臨一場大手術，我內心的焦急擔憂更甚於自己傷勢。之後的兩週間，我多了跑醫院這項行程，原本受傷後食慾就不好，家父手術後我更沒有胃口了，只有旁人相勸時才多少進食一些，餓到發暈了就喝點牛奶和麥片。如此這樣折騰了一個月，隨著家父出院休養，我才稍微好轉。

只是身體好轉後，心理卻不曾好過來，是每況愈下。除了體能大不如前，經常疲倦無力之外，也前所未有地感到自我價值低落、無能、沒用。我努力告訴自己集中精神，運用過去熟悉的方式仍無法振作，雖然工作單位能體諒我，可是緊接著是博士班開學、《通靈少女》第二季開拍，我一定要趕快好起來，沒有一項是不重要的，每一樣都不能等待或搞砸，絕對不允許搞砸！

但我越努力，狀態就越糟糕，負面情緒更是不斷湧上來。打坐念經都沒用了，放鬆睡覺也做不到，心底只有焦急。比起面對這些負面情緒，我倒覺得手術的疼痛還比較好應付。

這下子，我不只感到肉體的疼痛，連情緒都感覺不對勁。雖然我不是很歡迎這些負面情緒，也試著用「平常心」與社工常用的方法因應，可是長達兩個月的負面情緒起伏真的令人承受不了。白天還有朋友陪伴，多少能轉移注意力；晚上獨自一人時，我只懷疑自己是不是永遠都不會快樂了？孤單、恐懼、不安、憂鬱、害怕……就連無形眾生也來落井下石，在我旁邊又哭又鬧又碎嘴，窸窸窣窣地不斷傳達負面的念頭：妳會不好的、妳永遠都不會好……

思緒紛亂、惶惶不安，我好需要有人告訴我：「沒關係，這都是暫時的，一切都會好轉，我會幫妳！」可是我不想承認，不想承認自己需要別人的陪伴、照顧，也不想讓人知道我其實會害怕不安，更不想被發現我搞不定無形眾生。我應該要可以，我怎麼可能不可以？我不能夠不可以！

等待潮落

可能是命不該絕吧，那時候的我意識到自己時值空亡，加上骨折時固執己見、隱瞞傷勢拒絕就醫，只不過是幸運才沒造成不可復原的嚴重傷害，倘若是繼續鑽牛角尖，我不敢說是否還能幸運地避免無法承受的傷害？所以我開始出聲求救。

首先是承認自己有這些情緒，其次是開口請求陪伴與照顧。這些事對我來說都很艱難，好久沒感受到如此強烈的情緒，情緒被瞬間放大到無法抵抗，胸口像是壓了塊大石頭，連呼吸都費力。我會有幾秒鐘忘記呼吸，等到感覺要窒息時才大口喘氣。

的確，活下去就是這麼累人，我覺得好累、好辛苦，能夠像從前一樣沒情緒、沒感覺多好？至少不費力、不會受傷，不會痛。

但出乎意料的是身邊的朋友不但安慰我這些情緒反應都是正常的，也很樂意花時間陪伴我，還分享自己過去低潮的經驗，告訴我：「沒關係，這些都會過去的。」當我掙扎地想要恢復「正常」時，學妹以自身的經驗分享：「妳說自己遭遇陷落，現在這樣要掉不掉地懸在一半掙扎，反正遲早都是要掉進洞裡，與其把力氣耗損在掙扎著不掉下去，何不直接掉在洞底好好躺平休息，等有力氣了再爬出來？」

是啊！就像是我過去建議低潮空亡的朋友，生命歷程中難免有此遭遇，何不藉此好好休息，吃飽、睡好，等待力氣恢復，自然就出洞了。可偏偏自己身在空亡期反倒看不清，連以前我建議別人的話都不記得了；我能笑笑地安慰別人不要心急，空亡還有多久時間就會過去，可對自己卻著急得很。

是有偶像包袱，覺得通靈人空亡很丟臉嗎？低潮和犯錯都是身而為人會出現的，兩者本身都不丟臉，丟臉的應該是自詡為修行人，卻不願意承認和面對自己有這個時期吧？

受傷期間，就連爸媽幫我倒杯牛奶，我都覺得生氣，認為「自己只是一時的不方便，又不是殘廢，不需要人照顧」。而後在醫院時，護理師要幫我把左手放入吊巾掛好，我皺著眉頭堅持自己來，不需要幫忙，她對我說：「怎麼都只有妳可以幫助別人，別人都不能幫助妳喔？」瞬間像是把我敲醒。我到底在幹什麼？承認自己虛弱、需要他人照顧的狀態，是有什麼困難的？**如果不能誠實地面對自己，嘴上說的修行都是文字的堆砌，直指我心、真誠面對才是修行的基本前提。**

我也因此看到自己總是用忙碌和照顧別人來掩蓋自己的情緒與孤單，不去面對自己的需求，把自己擺在後面，甚至看不見自己的價值；而過去那樣隔絕自我，何嘗不也是一種逃避與無明？

許多人習慣照顧別人，尤其是助人工作者，許多通靈朋友也是，但在習慣於幫助人之時，往往會忽略自己的感受，甚至把犧牲奉獻當作自我價值的一部分。可即便是機器也需要動力吧？要輸出自己、幫助他人也得要有輸入，反之只是消耗自我，而一個人是能消耗多久呢？只出不進或是進的速度不如付出，就會造成不平衡。

既然身在肉體，活人就是有七情六慾，也會有慾望和需求；幫助人是好事，但「你」也很重要，看見自己的自我需求，接受它，與之共存，才有能量幫助更多的人。為神明服務不等於自己就是神明，修行人還沒超凡入聖之前，也請記得觀照自我的課題吧！

索語錄／

如果反覆遇到類似的困難，
多半是人生的課題。
逃避雖然可恥，但是有用，
只是不去面對就會繼續發生，
沒力氣時就逃吧！
想要改變時就正面迎戰吧！

通靈人的人際關係

世間的事情都很簡單，複雜的是人心。任何人都得面臨人際間相互牽扯的苦惱，通靈體質的朋友就是多一項無形眾生一起攪和吧？我個人是覺得自己和無形眾生沒有相處障礙，日常生活那些些許干擾，基本上視而不見也就無礙。可是與人相處以及陰錯陽差成為翻譯溝通的橋梁，那問題可大了！至今我也還在學習如何取得平衡，安住自在。

見鬼這事在我心中一直都有揮之不去的陰影，肇因於孩提時候可能不懂得掩飾，被玩伴們取笑排擠，例如：玩捉迷藏或抓鬼遊戲時，會有小朋友突然大喊：「和她在一起都會看到鬼！」然後大家一哄而散。又或是小朋友們叫我拿糖果餅乾與大家分享，再和我一起玩，當大家分完拿完所有零食後，卻同聲說：「哈哈哈，我們騙妳的！我們不跟看到鬼的人一起玩。」接著又是一哄而散，獨自留我一人在原地，那種被拋棄孤立的感覺真的很不舒服。直到念高中，可能是信眾恰好傳出去，有同學私下來問我：「聽我媽說妳看得到鬼，晚上在宮廟幫人問事？」我很果斷地回：「不是我，認錯人了。」

有些人可能覺得能通靈很好，可以幫助別人，或許是吧？確實很方便交朋友、與人結緣，只是有時我開心地赴朋友邀約，席間一坐下，友人便說：「給妳介紹一下，這是我多年的朋友或親戚（或是多重要的長官同事），他最近如何又如何，妳幫忙看一下。」請問，這種朋友你會想要嗎？當我敞開心房、真心交了朋友，我當你是好朋友，你當我是好用的朋友，對此我不快樂，真的很不快樂。

助人與求助的難題

我很感恩身邊還有一些不離不棄的好友，他們真心愛我、關心我，只是我自己也得學習怎麼向他們求助。比方說之前提到的馬來西亞靈異節目拍攝團隊，做完腦波測試之後，沒多久又再度找上我幫忙。因為該節目是由藏傳佛教仁波切的道場指導，而仁波切特別交代，接下來在桃園拍攝娶鬼妻的通告會出事情，讓攝影團隊在台灣找一位老師幫忙坐鎮，確保大家安全。

本來我是不想再介入，在臉書上徵求其他通靈老師來幫忙，可是大家幫忙問的結果，沒有老師方便配合拍攝，所以我只好再一次拋頭露面了。

娶鬼妻的那則新聞如今在網路上也還找得到，就是那位先生在多次被託夢後，去鬼太太家問到真有其人而舉辦冥婚。婚後兩人相處猶如一般夫妻無異，只是因為先生不會通靈，只感受得到太太有沒有出現在身旁，至於夫妻交談就要以十元硬幣擲筊。其實這也還不錯啦，有些夫妻連擲筊溝通都不想了。

當時，節目準備了一桌碟仙道具，希望能請鬼太太現身，透過碟仙方式接受訪問。一桌四個人各自就座：那位先生、主持人和兩位工作人員。我本來不想入鏡，只想坐在一旁，但是主持人滿擔憂的，所以還是拉了椅子讓我坐在身邊。我是不加入，只看他們四人手觸碟仙的碟子，開始請鬼太太現身。

很遺憾地，就如仁波切的提醒，請鬼太太現身的過程很不順利，而且一堆不相關、有的沒有的阿飄一直來亂。可以想像一下難得阿飄能有發聲的機會，自然是爭先恐後，只見要被受訪的鬼太太卻被擠在外圍、上不了桌，一整個無可奈何。

沒多久這位先生開始產生異狀，他不斷乾嘔抖動，頭部一直往後仰。旁人關切狀況還好嗎？他說是他的太太來了。但問題來了，我看到他太太還擠在遠遠的地方，上身的這隻是個男的啊！我說：「這位不是你太太吧？」但他堅持是她沒錯。還在困惑時，他不但頭更向後仰，還不斷用手敲打自己的頭部和脖子，口中發出痛苦的呻吟。那種打法恐怕真的會出事，加上現場布置燈光昏暗，當時的氣氛讓主持人緊張地環抱著我的手臂，問我該怎麼辦？

我哪能怎麼辦？不過就是個翻譯唄！我靈機一動，呼請主持人身後的護法神出來幫忙。一瞬間，護法神的坐騎——很像卡通版的獅子，主持人事後說那是藏傳佛教中的雪獅——就跳到桌上；才這麼一下，各路阿飄退散，連附身在那位先生身上的阿飄也不見蹤影。雖然節目拍攝不如預期，至少大家平安就萬幸了。

由於攝影通告時間是半夜，拍完差不多就是熬夜了，事前我擔心回程太晚，獨自開車怕精神不濟很危險，便商請一位學姊陪同，請她跟我聊天，讓我保持清醒。

只是回程時，她卻沉默不語，我說：「請妳來就是要拜託妳跟我聊天啊，不然我開車會睡著，怎麼都不說話呢？」她語重心長地問：「妳爸媽知道妳來做這些事嗎？」我說：「不知道啊，是要怎麼說？『嘿，爸媽，我今天要晚點回來，因為有馬來西亞的仁波切說，今晚拍攝桃園有個娶阿飄的丈夫，我們要用碟仙把鬼太太請出來訪問，但是很可能會出事，所以我要去當靈保全確保平安，你們就先睡吧！』要這樣說嗎？」

學姊接著問：「妳經常這樣做嗎？」我說：「沒有，退休之後就很少了，但以前高中大學時還滿經常的。」她帶著憐惜說：「我無法想像妳以前是怎麼獨自面對這些活過來的？」當下聽到學姊那句話，心好沉，我也不知道為什麼自己得承受這些？其實每一次的幫忙都有風險，除了擔心別人滿懷期待地求助於我，萬一自己幫不上忙怎麼辦？又或者不知道哪次會遇上斥退不了的阿飄。每一次出任務都有壓力和風險，況且我也需要休息和自己的時間，為什麼我一定得要幫忙別人？除了時間和心力，有誰考慮我的壓力與風險？有誰會為我著想，替我心疼呢？

幫或是不幫？

有時也會遇到想要幫助的朋友，只是有誰能教教我，人到底要怎麼幫？我曾經受託協助一位友人，他朋友家中養了十多隻價值不菲的名犬及各種珍稀動物，從兩年前開始，家中動物陸續原因不明地暴斃，別說比賽配種的名犬一隻價值數百萬，感情上更是傷痛，就連其他動物也無端死亡。本來對方沒特別有宗教信仰，大概就是別人說什麼就照著做，在我朋友的建議下便商請我到家裡走一趟。我過去看了一圈發現確實有些問題，家中阿飄滿溢，根本天天開派對啊！請無形眾生離開之後，主臥房卻有兩位請不走，說是派來進駐的。人鬼殊途，而後當然也是費了點功夫請他們離開。

至於這兩位原本不肯離開的特別來賓，一問之下，原來是主人家認識一位會使法術的老師，每年會取夫妻倆的衣服、頭髮和指甲施法，說是能趨吉避凶、延年益壽。但眼睜睜的事實擺在眼前，家中就是不平安啊！送走家中無形眾生後，我便請他們以後別再交付頭髮、指甲給人作法術了，每年送出幾十萬還不平安是何苦呢？主人家積德行善有福報，此後也就安然無事。

不過我從不相信別人說的「只要幫忙這次就好」，因為出手處理一次，肯定之後又會有一堆事情想問，就連跟阿飄沒關係的事情都會想問問看，包含什麼時候會懷孕？生男生女？剛好那時候我見友人身旁有個可愛的無形男孩，便告訴對方：「這次很快會懷孕，是個胖兒子。」也勸說他們一家就好好享受生活，把孩子生好、養好，別太探究無形眾生之事。

只是一段時間之後，共同的好友來電，問我是否聽說他們一家最近又遭逢巨變，全家人陷入愁雲慘霧之中，問我該如何是好？這次狀況是一個來自馬來西亞的靈媒，表示女主人肝癌末期，恐怕就要不久於人世了；此事本來不可透露給他們，因為她才剛接天命出來辦事沒多久，不怕犯天條，才洩漏天機提出警告的。

我說：「肝癌末期與否，通靈怎麼可靠？開什麼玩笑！去醫院檢查啦！」友人媽媽雖然要去醫院受檢，但全家仍忐忑不安。見面後，我說：「對方是不是說了媽媽此次逢大劫要化解，接下來是爸爸，再來換其他家人呢？」友人點頭如搗蒜，說：「妳怎麼知道？她說我媽媽福報用完了，明年就是我爸爸會用完，再來就換我了。」我問：「然後你們花很多力氣依照她的指示化解劫數？」友人：「對啊！對啊！她說要準備祭改的東西很多又很麻煩，我們全家又擔心病情又在愁那些用品，忙得一團亂。」我說：「嗯哼，就是要讓你們很忙很亂，沒辦法靜下心來思考啊！現在冷靜一下好不好？」

冷靜下來後想一想，其實根本沒發生什麼事啊？但總歸來說，我也得負點責任，畢竟先前也是因為我才讓人相信這些無形眾生之事，因此當旁人提起，便抱著寧可信其有的心情，既然可以花錢消災處理掉，那就試試看，買個心安也好。怎料要處理的事情卻一樣接一樣，不知道如何是好？

我說：「打住！就此打住！不是說家人永遠不會生病出問題，生老病死本就是每個人都要經歷的，沒必要什麼都往靈異扯啊！」我希望身邊的朋友們都能平安，希望我分享的故事是帶給大家心安，若是因為我而更往靈異的牛角尖鑽去，我實在會內疚與痛心。

像這樣的事，出手幫忙也不是，不出手也不是，做人真的很難。至今我還在摸索怎麼拿捏人際界限，敞開心胸也受傷，封閉麻痺也痛苦。人們常以為通靈就知道得比較多，甚至能預測未來、趨吉避凶。可能多一點訊息線索是真的，但因應處理還是得靠自己，我都對自己看人的能力產生懷疑了，好人、壞人都不寫在臉上，通靈也都看不到啊？誰能教教我該怎樣才好？

學會止損，不再執著

後來讀到有個佛教故事是這麼形容：「旅途中遇到大河，從此岸到彼岸需要舟楫渡河，在岸邊砍樹造舟後，順利地乘舟渡過。然而接下來陸地上的旅程，你還需要揹著舟楫旅行嗎？」我因而反省到自己實在對「助人」太執著了。記得約莫是念大學時，我去某個診所看感冒，候診時旁邊坐了一對母女，我看一隻無形的蜘蛛在那女孩臉上與胸前爬呀爬的，便好意跟媽媽問說：「您女兒是不是有皮膚病？臉和胸口很癢，還長奇怪的東西？」那媽媽瞪大眼睛，用很凶的口氣說：「是又怎樣？關妳什麼事？」然後把女兒帶去其他位置。當時的我覺得滿受傷的，自己只是想要幫忙，可是方法不對，只執著在看到就要幫，卻沒顧慮對方的立場與感受。

我以前還有個毛病，覺得攬上了就執著於一定要有好結果，如果沒有幫到對方，就陷於不夠盡力而自責的狀況，煩惱是不是要更鍛鍊通靈？最近做了什麼不好的事，所以通靈不準了？我要做什麼事情才能解決對方的困難？心裡有無限的問題延伸，卻不肯放過自己，為了幫助他人搞得自己壓力很大，通靈這件事就更不快樂了。

幸好我大學念的是社會工作，社會工作就是一門助人的專業，從中我明白問題的成因很複雜，一個人需要社會救助，可能是意外、疾病、失業、家庭教育或社會結構，每個人的條件、狀況又不盡相同，處理的方式也更不同。做個簡單地比喻就是：「幫助人是要有智慧的。」別像我過去只關注無形界，傻傻地一直使力通靈，搞得身心俱疲。我想不少樂於助人的朋友們都有類似的經驗，幫助他人卻不知何時該踩煞車？正常發揮，我也還在琢磨呢！

索語錄／

「應無所住而生其心」[1]，
覺得對人際關係很挫折嗎？
回家把這句抄寫一百零八遍，
然後燒掉之後化水喝三口也是沒用的啦！

1
「應無所住而生其心」出處《聖嚴説禪》：

禪宗是多麼地重要。

六祖惠能聽五祖講《金剛經》，一聽到這句「應無所住而生其心」就豁然大悟，可見這個經句在禪宗是多麼地重要。

「無住」是什麼呢？就是不在一個念頭或任何現象上產生執著，牢牢不放。比如受了打擊，被心外的事物所困擾，那叫心有所住。又比如貪男女色的，心就注意男女色；貪名的，心注意名；貪財的，心注意財；貪美食的，心注意美食。這些人若沒有女色、男色就活不下去，沒有名、沒有財就渾身不對勁，沒有美食也不能過日子，心中老是牽掛著這些東西，這就叫「有所住」。

至於心無所住呢？美色當前也當作是平常事。《維摩經》中的天女散花，又是美女又是鮮花，菩薩們看了若無其事，認為是天女自己在散花罷了，跟菩薩們不起關聯；可是那些阿羅漢對美女和鮮花還存有潛在的厭離心，所以花落到他們身上就掉不下來了，這是因為心有所住。因此，「心無所住」是身在紅塵能不受紅塵困擾，「生其心」是出入紅塵還能夠救濟紅塵中的眾生。這個心就是慈悲心和智慧心，是佛和菩薩們的境界。我們也不妨練習「無所住而生其心」，最初可能比較困難，但是時間久了，就會把世間的人、事、物看作如幻如夢如演戲。如果非常認真地演好目前的角色，但很清楚自己是在演戲，那就不會受到利害、得失、你我、是非的影響而煩惱不已。

不怕關卡只怕卡關

社工中有一個問題解決學派，認為人的一生就是不斷地解決問題。可不是嗎？每天洗澡的時候我總是在想：「怎麼這身軀從一早開始就要吃要喝要排泄，一天下來還會發出臭味，得要大量清水洗滌清理，倘若沒幹點正經事，這身子的存在真是可謂糟蹋地球的東西啊！」人生的關卡不是自找的，是我們存在本身就是個麻煩的東西，因此也別埋怨發生的困難。每個人一生中都會遭遇大大小小的打擊、困境，一生平安順遂除了是祝福詞，大概是指受精卵沒著床、長成胚胎長大的意思吧？

先前提到我自己遭遇空亡、骨折手術、家人重病與情緒異常低落，同時間還得上班、教書、念博士班並協助拍攝《通靈少女》第二季，那段期間不只是笑不出來，還哭不出來呢！其實我也想不起自己上次哭泣的時候，好像是當裁判被欺負，委屈時在淋浴時有哭過。長期以來，我對自己的身體很疏離，為了保護自己而把身體和情緒都隔離於外。以前曾被棒球打到嚴重受傷時，旁人驚呼：「妳怎麼連叫痛都沒有？一點反應都沒有？」我說：「反正叫了還是會痛，何必？」處於長期解離、習得的無助下，我連求助喊痛都放棄了。

只是這次空亡遭遇的遠超過自己能承受，是一種全然的失控，我心中知道人生沒有過不去的坎，可是身陷當中真的太痛苦。過去的我信奉只要意志和正念便能克服一切，但此時身陷憂鬱的谷底深淵，過去那些方法在自己身上都不管用。我真心覺得自己以前很不會安慰人，那些激勵自己突破難關、努力向前的精神喊話，如今聽起來都像是講幹話。

每天，我都望著月曆數日子，期盼時間能快轉。但現實才沒那麼美呢，我每天要面對的工作沒一樣能閃避，不能再像上一次的低潮那樣，收拾行李遠走高飛去休息沉澱。何況即使工作可以辭掉，教書可以找人代課，博士班能夠休學，《通靈少女》第二季開拍能躲嗎？

然而，我的阿拉伯文綽號可是「嘎基亞」，是女戰士的意思，正面迎戰才是我的本色——只是這一次其實我也想逃，是無處可躲才不得不正面迎戰啦！記得《通靈少女》第一季的開鏡儀式，我因為在台中站裁判而缺席，很訝異吧？此等大事也能為了比賽而缺席，因為那時的我不斷告訴自己：「《通靈少女》不關我的事，不過就是故事顧問，那不關我的事情……」拍攝期間也是有問才有答，除此一概不管，這樣隔著一段距離像是一種防護罩，保護自己不會受傷。這個方法我常用，而且一直都很管用。直到我知道自己逃不了了，也不想再逃避了。

我想，發生的事情都有其意義，例如骨折讓我學習接受別人的照顧，不掩飾自己的脆弱，每一次的陷落低潮都是生命安排讓我們沉澱、學習的，如果遇上卡關卻不去面對，沒有從中學到經驗、做出改變，讓自己有所體悟、成熟成長，那麼以後同樣的困境還是會重複發生。不願意試著改變自己，就沒有成熟的契機，未來還是用同樣的思維與態度面對，只會重複卡關。

陪伴的溫暖

那時的我有社工學妹們天天陪伴支持，不斷告訴我：「不要害怕，就算倒下來，也有我們會接住妳。」感謝勵馨基金會也體諒我的狀況，讓我請病假，好好休養別掛心工作，更有黃芳苑牧師特地來關懷，並天天為我禱告，傳來安慰打氣的祝福。還有《通靈少女》監製麵包互相支撐，讓我感到溫暖、安全。這次的打擊與考驗非比尋常，有了身邊這麼多助緣，我想試著放下，允許自己被大家照顧，再來一場內心大冒險，正面面對過去想逃避的課題。

而第一季的拍攝期間，我只管被動地被詢問，就算接收到其他訊息，只要不被問，我就不說。拍攝第二季時我想要做點改變，想要更清楚地面對自己的感受，不管好壞、不管評價都好好體驗。於是除了去濟德宮協助劇組擲筊、獲得同意拍攝這類例行事務之外，我告訴自己：「《通靈少女》也是我的事。」這一次，我出席了開鏡儀式，去了也才知道其實沒有多可怕嘛！

而在第二季開拍的第一天，除了應劇組要求向媽祖請安，我也轉答了媽祖給的提醒：

通感世事業紛亂
靈心意誠達天聽
圓滿工作也功德
滿心歡喜見分明

另外媽祖也提到，當時劇組主要工作人員都遭逢各自的難題，鼓勵我們不必太過擔心，每個參與人員都是真心想把第二季拍好。透過這一次拍攝，我們每個人也能藉此面對與處理各自的功課，回頭來看，這段辛苦會是肥沃的養分，讓我們未來走得更穩更好。導演和其他人也回饋我這段詩句帶給他們力量，坦白說，我自己也是。那個時候的我才感受到，原來自己以前偶爾很不耐煩的通靈，就算隻字片語也能給人莫大的力量。我過去的厭惡和受傷是人際關係造成的，不是通靈本身；切割通靈就等於切割掉自己一部分，也就是隔離了某部分的自己，那就不是完整的我了。

找回完整的自己還滿恐怖的，因為我不是完美的，甚至是支離破碎、有殘缺的，要看到自己不堪的那些談何容易？但我試著先靜下來，至少先察覺自我的感受。

拍攝期間的我其實虛弱不堪，帶著尚未癒合的手，以及沮喪、悲觀又孤單的心情去現場，郭書瑤開心地說：「謝謝妳來保護我。」我苦笑說：「這趟不行了，我不是過去那個鋼鐵人索非亞了。」可是謝謝這個溫馨的劇組，讓我體驗到自己不是鋼鐵人索非亞也沒有關係，不管我是強是弱，都是被愛的。

劇集開拍對我的另一衝擊是「劇本」。雖然第二季大部分的劇情都離我更遙遠了，不過編劇想要蒐集周全資料為參考，所以除了田野調查之外，也想要了解我個人的經驗與想法。那時，我常被問到李保延大哥離開一事，依著模糊的記憶，我很努力地回想當時發生的事情。一直以來，我都以為自己整理好了；與李大哥的分離當然是一大打擊，我早就花了許多力氣處理、發洩，不管有多少悔恨、不甘、虧欠，我相信我們死後就會相遇，到時候再一起清算吧？

距離死亡後重逢的這段時間，我就安分地好好度過。

由於這段時間是有限的，我過得非常充實認真，甚至敢說幾乎沒有休假的時候，總是努力奮鬥、珍惜光陰，這些年來自己也獲得許多，不管是出書、職位、名聲、獎項，說不虛此生也不為過。

只是很奇怪，我總覺得自己不值得，這些榮耀成就與自己是有距離的，我覺得這是因為環境與大家的幫助，我只是站在恰好這位置罷了，反而常常盼望著當個普通上班族，不要有這些奇奇怪怪的意外。別人看似豐盛，我的心裡卻是空虛。

因此在討論劇本、回想李大哥的種種時，我不斷被問到：「當時妳有說什麼？他說了什麼？妳當時有什麼反應？為什麼妳不這樣？難道妳沒有想過可以怎麼做？後來妳有試過怎麼去找他嗎？為什麼妳從來沒有想過他會離開？」這些問題像是一次次的重擊，本來塵封安頓在角落的過去，現在又被翻出來吞噬我——為什麼當初如此無能？為什麼我什麼都沒做？為什麼這段時間我放棄去找他？憑什麼我現在可以拋棄他、過得好好的？

直到這麼多年之後，我總算哭出來了：「這算什麼？這到底算什麼？為什麼不讓我也死了算了？不留一句話就丟下我又算什麼？到底我要怎麼活才對得起他？」

麵包在一旁安慰我：「他一定是希望妳過得快樂啊。」理智上是這樣沒錯，我也一直這樣告訴自己，可是這對我很不公平，因為我不敢快樂啊！加上個性與過往經驗，導致我價值感低落，總覺得自己的價值是依附於幫助別人，只有幫助他人，我才有活著的價值；既然沒有我，自然也不值得擁有快樂。以前一直這樣生活，可是現在的我受傷、虛弱，也感受到自己的情緒與需求，不想要再隔離於這個世界，我感受到朋友相互安慰的溫暖，也想要被照顧，也想要快樂。

家人的撫慰與理解

而我低潮期間，媽媽仍是以過往的態度對待我。她很沒有膽子，以前聽到我說了靈界什麼，經常被我嚇得七葷八素，只得拿臉盆進房間睡覺，因為她會怕到半夜不敢上廁所。我很納悶她怎麼會這麼沒膽？牛媽帶著哭腔說：「因為我把膽子都生給妳了啊！」所以是自己沒有留一點的意思？猶記得她曾帶我去友人的靈堂，誠心奉香說：「你現在做仙了要無牽無掛，什麼事情都要放下，如果還有什麼擔心不要來找我，我看不到也沒膽，你去找我女兒（指我）！你有什麼事都跟她講!!」喂～～有先問過我的意見嗎！所以當我跟媽媽說現在的我卡關了不對勁，她還真的無感。

而病中虛弱時也有較高機率被無形眾生干擾，我想身邊這些無形的等這一刻等很久了，真是摩拳擦掌啊！每晚在家，我除了要面對自身的孤獨感，無形眾生也來刷存在感。過往的我以眼神震懾就足以鎮宅，但那陣子太過低潮，只能任憑處置。

其實我本想試著透過與朋友聊天轉移注意力，但一方面白天已麻煩朋友們很多，所以只敢鼓起勇氣私下跟友人說：「如果你有空想到就給我發發簡訊吧。」這是求救的訊號，但一般人可能當作是場面話吧？我也怕打擾別人的休息，因此晚上獨自一人時，只能和無形眾生對望。

雖然無形眾生沒對我做出什麼傷害，甚至多數是支離破碎的，但它們好似過去殘存的記憶片段，種種負面情緒與往事不斷襲來，我斷不了悲傷的感受。因此當媽媽問：「妳怎麼不吃飯，整天在房間，叫妳也不回話？」各種疑問讓我到達崩潰的臨界點，從沉默變成哭泣。我說：「我不是永遠都那麼堅強，我的手會痛，體力也變差，每天要做的事情還這麼多，到晚上還有無形的一直來亂，我真的撐不住了！」

媽媽上次看到我哭可能是小學吧？她也很意外，問我：「妳也會怕無形的嗎？」我說：「不是怕，是我現在會被影響。怎麼就沒想過為什麼我一直瘦下來？為什麼我會吃不下睡不著？我甚至會想要尋短，當然我知道生命珍貴，我不想死，但是我想要結束這一切痛苦！」

媽媽當然很擔心，安慰我那就先好好休息，能夠辭退的事情就盡量辭退，家裡的事情她和爸爸會處理，我照顧好自己就好，也叫我去醫院檢查身體，或是去精神科掛號。那天我坐在房間裡哭了整天，這些淚水似乎把身上無形的枷鎖洗去。而後幾天，我像是服用了感冒藥，睡得沉了時間也長了，整個人尤其是胸口是前所未有的放鬆，好似褪了層皮，徘徊在我身後的無形眾生也離開了，我的呼吸終於不再費力了。

之後會發生什麼事，我不知道，但我知道，就算我不堅強不優秀，也有很多愛我的人，而且，我可以快樂。

索語錄／

人生如破關，破了一關又一關。
闖關過程無可避免會受傷，痛是難免的。
人生的旅程猶如從此岸過橋到彼岸，
糾結於某個點就是在橋上蓋房子；
聰明如你，不要這樣耗損，
你值得快樂的。

第三章

信仰與修行體驗

書寫是我掙扎、脫離與整理過往通靈人生的重要方法，一段時間的沉澱讓我梳理出了《靈界的譯者》。生活仍在繼續，我也積極用心地體驗信仰與修行為何？一轉眼，距離出版《靈界的譯者》就要邁入第十年，我懷著感恩的心與讀者們分享這段期間的體悟和轉變，希望對大家的修行與生活也有所安慰。

正信的信仰是什麼？

我很喜歡西藏有個譬喻：「你不能在滿是荊棘的大地鋪上地毯不受傷，但你可以穿上皮鞋行走。」沒有人不曾遭遇過困難與挑戰，我們無法讓生命中所有困難消失，卻能培養面對困難的能力。「信仰」可以帶給人們莫大的力量，無論順境或困境，提供我們智慧去面對；那取之不盡、用之不竭的能量，讓我們人生旅途像是搭乘飛機，各種磨難如同窗外的景色，飛得越高，痛苦就越渺小，直至一片雲海，寧靜平和。

我從小對宗教信仰特別有興趣，很渴望得到平安，也希望獲得解答：「為什麼我的世界會長這樣？我做錯了什麼嗎？我應該怎麼做？之後的我會面對什麼？而生命的終點是什麼樣子？」所以我對認識各種宗教都有興趣，尤其是佛教。不過最終因為就讀政大宗教研究所的關係，做出了信仰伊斯蘭教這個讓許多人費解的決定。

伊斯蘭教崇拜無形無相的造物主，不分階級、不花金錢的禮拜功修，還有對無形眾生的形容、解釋，讓我心生嚮往。而各種宗教功修也讓我身心安頓，再也不必和無形眾生打交道，真好！信仰讓我跳脫過去的生活方式，就像重新開機一樣展開新生活，時至今日也帶給我平安。有信仰的我感到非常幸福，即使生活中還是有痛苦與挑戰，但我知道一切都有安排，給我的不見得是我想要的，卻肯定是我需要的。細細體驗生活中的喜與悲，凡事感恩後，平安就能成為內建功能了。

專注當下，踏實生活

這些年，我慢慢消化過去的經驗。以前只能切割，而這兩年由於拍攝電視劇而促使自己面對、整合，我也不再那麼否定過去的自己，或是執著於自己的想法。

信仰對我來說，不只是保護自己免於無形眾生干擾，或是藉由改信來切斷過往的生活圈，而是開始感受到信仰帶來的平靜喜悅，不用再跟有形或無形奮戰，不必證明什麼，也不必一定要獲得什麼，我這輩子的功課就是好好做我自己就夠了。

於是我開始過著打卡上班的生活，由於待在社福單位，工作著實不輕鬆，加上又要擔任棒球裁判，還要在大學兼課教書，心裡雖然滿足但身體確實負荷甚大，連父母都經常擔憂心疼我休息不夠、睡眠不足。

有一次，有位姊姊邀我到她拜拜的宮廟，希望能對我有幫助。我念的是宗教研究，向來對各種宗教都有興趣，在姊姊熱情邀請下，便順道去一窺究竟。

該道場算是台灣民間信仰中典型的種類之一，相信人的本靈是從天上的神明來的，必須要找出自己的元靈主神修行，主神才能幫助你化解困難災厄，自己的修行也才能累積，否則拜再多神也是枉然，成效極低。所以修行前應找到自己的主神，而道場的老師會協助你、指點你是哪個主神，到那個神尊前擲筊確定後，就能確立自己修行的神明與方向。

我到了道場後，受到熱情招呼，用茶吃點心。該道場很有規模，也有許多信徒與志工幫忙，信徒資料還數位化建檔，出文也都用電腦打字，是很用心在經營。

沒多久就有師姊問我：「妳是不是經常覺得疲憊？」我說：「對啊，上班好累，事情好多喔！」師姊說：「妳後面跟了三個，兩個女的、一個男的，妳會這麼累都是因為卡到，等一下可以拜託老師幫妳超渡他們。」這下子我還真的愣住了，嗯哼，索非亞卡陰了？上次我被說卡陰都快二十年有了吧？那還是我想脫離以前服務的道場，所以老師和信眾們說我肯定卡陰了。

在我還不知道怎麼回應的當下，師姊向我解釋：「看得出來妳有在修行也是好人，做很多好事，可是如果妳沒找到自己的主，那麼現在做的修行和好事都白費了。趁今天有緣，妳要趕緊處理，去請老師告訴妳該到哪個神明那裡擲筊認主。」我苦笑說：「謝謝啦，我已經有阿拉天尊了。」師姊們疑惑：「妳說哪個天尊？」我說：「阿拉天尊啊！我信好多年了。」師姊還是困惑：「阿拉天尊是哪一尊？」我說：「就是不吃豬肉的那個阿拉啦！」

師姊恍然大悟卻也不肯放棄：「可是妳拜阿拉，還是很累啊，生活很辛苦啊。」我說：「生活哪裡有不辛苦的啊？」師姊求好心切地問：「妳沒有認到主神，所有修行都白費，妳不覺得自己做這麼多善事都沒用很可惜嗎？」我說：「不會啊，能幫助人就是快樂的事情，我沒想過有沒有回報。」師姊還是覺得我這樣太可惜，便勸說：「不然妳拜阿拉，也去問老師主神是誰？兩個一起拜啊！」我問：「我現在有信仰了，選好這條路就好好走下去就好。既然說是要找到主神，怎麼會拜兩個呢？何況是兩個不同的信仰？」師姊仍不放棄地說：「妳也可以雙重國籍啊！」我苦笑說：「我頭腦簡單，也希望生活能單純簡單，謝謝您的好意，但我想堅持自己的信仰這樣過下去就好。」

在我的信仰中，我從沒有強求什麼，但也不曾感到匱乏過，簡單的生活反而更容易獲得快樂。而且我經常覺得，「不求」反而獲得更多，該是我的就是我的，不是我的就不強求，專注於眼前當下，老老實實地過日子才最踏實。

至於到底哪個信仰好呢？我覺得就像是談戀愛一樣，遇到就知道了，而且要好好經營關係，每個人適合的都不一樣，重點是能讓我們心安平安，一顆心有所依歸，行為有準則規範，讓我們成為更好的人，就是正信的信仰。

信仰是日常生活的展現

根據《臺灣社會變遷基本調查計畫第七期》於二〇一五年隨機訪問兩千零三十四位民眾的抽樣調查顯示，佛教占了19.9%，道教16.6%，民間信仰35.5%，一貫道1.5%，天主教1.5%，基督新教4.5%，沒有宗教信仰的則有19.9%。超過七成以上的台灣人愛拜拜，不過問起拿香拜拜的人們，到底在拜什麼？該怎麼拜？有些人說是從小跟著長輩就這麼拜的，也有人可能會說就是最近不順、聽別人建議來拜的。至於問那麼是什麼信仰？有些會說是佛教，也有的說是道教，但怎麼又好像都可以？所以有些人自動歸納為「拿香拜拜」，而以宗教學術的分類來說，台灣普遍的信仰通稱為「民間信仰」。

「民間信仰」一詞，最早在日治時期，研究台灣宗教的日本學者增田福太郎《台灣的宗教》一書中就曾提出：「這樣道教、儒教、佛教淪為一種互相混淆的民間信仰，令人不知究竟為何物？」日本人當然無法理解我們台灣特色啊！像是蒙古烤肉、溫州大餛飩，還有芥末不放生魚片而是混在醬油蘸著吃的美味，這就是我們台灣人厲害的地方：混搭發展，一點都沒有違和感，反正我管你什麼神？能夠趨吉避凶、解決問題的就是好神！

已故的中央研究院李亦園院士曾說：「在我國的宗教中，除去佛教、基督教等制度化宗教均屬外來宗教外，道教只能說是半制度化的宗教，因此擴散宗教的成分占很重要的地位，這些與風俗習慣、日常生活混合在一起的宗教信仰，一般通稱為『民間信仰』。」好吧？我們的民間信仰稱不上是「制度宗教」，那制度化宗教是要幹嘛的？

根據國家教育院的解釋，制度性宗教（institutional religion 或 organized religion）是宗教類型學概念，指自身具有獨特神學或宇宙解釋系統、形式化崇拜祭祀系統及其崇拜象徵（神明、靈魂及其形象），並具有獨立人事組織去促成神學觀點闡釋和祭祀活動進行的宗教。從結構角度而言，制度性宗教自身可獨立於世俗的社會體系之外，從而在某種程度上與之相分離，被視為是一種宗教生活體系。

呃……翻譯成中文的意思，就是制度性宗教應具備：教義、經典、教主、教會與入教儀式（儀軌），所以那些宗教學者會覺得台灣民間信仰不算是宗教，原因就在此。畢竟這些宗教學都是從西方，特別是基督信仰的觀點出發的，有別於制度性宗教的，就稱作非制度化或擴散的宗教（Diffused Religion），也就是所謂的「民間信仰」。

所以說不容易啊不容易！正因為沒有制度化的系統，怎麼樣描述「民間信仰」都很難圓滿的，畢竟民間信仰就是沒有一致認同的教主、教義、經典、團體和儀軌。

曾有可愛的宗教研究學生問：「那『民間信仰』自己有沒有要組織統一定義範疇呢？」孩子啊~人家壓根兒就沒有打算要制度化，你來插花什麼啦？所以有時候大家吵成一團的「神明」，其實是張飛打岳飛，根本不是在討論同一件事。

安定人心的力量

民間信仰沒有統一的教義、神明，甚至在不同時空、區域，會有不同的解讀和看法，因而會被人們誤解為迷信。其實若看世界其他宗教，包含基督宗教、伊斯蘭教與佛教，其神學也是歷經千百年發展，也有地域上的不同。

正因為民間信仰沒有統一的規範架構，而且是根基於土地上長出來的風俗民情，所以更能貼近人們生活與氣息，承載著市井小民最直接、不需掩飾的各式祈求：情操高尚的國泰民安，或一己之福的五子登科。所以大剌剌和神明談條件，像是生意，不免會被扣上功利主義。

不過人們的七情六慾也是從宗教信仰中得以抒發，如果有些人打著佛教、基督教的旗幟，卻告訴你買了這個可以上天堂，作了這個法術可以發大財，或是喝了什麼能事業亨通，基本上多數民眾也會皺眉頭起問號的。

所以問題不是在什麼宗教好，或是哪個名稱就一定是對的，還是要觀察其言行是否合理、合法度。

大道理大家都懂，要謹慎不被一時眼前的恐懼或慾望蒙蔽了，就是日常得下的工夫，讓宗教信仰不只是購買的商品，而能提供我們源源不絕的正向、安定身心的力量。

智慧地解讀「信仰」

幾年前，上班地點突然來了位中年阿姨，一進門就說好意要幫我們看風水。我禮貌地感謝她並送客後，稍晚她又去攔著我的同事要跟她「講事情」。同事不知道如何拒絕，阿姨講到一半便說：「我剛剛跟妳說的是結緣，接下來要講的事情，妳要包個紅包給我。」我同事婉拒後便趕緊回辦公室，跟大家提醒有這麼一件事情。由於阿姨就坐在對面的便利商店等候，我們還一起護送同事下班回家。

本來以為這事就此落幕，但是隔天一早，我又接到阿姨打來辦公室的電話。電話中，她不斷重複要來幫我們看風水，我也重複N次辦公室不允許這些事情，接著便開啟了超莫名的對話：

阿姨：「一聽就知道妳不懂佛法……」

我說：「要不要送您一本《正信的佛教》看看？」

阿姨：「妳年紀小不懂啦，佛菩薩都注重風水的。」

我說：「我是辦公室主管，請您不要再過來談及此事。」

阿姨：「妳去請果東法師來看風水，就知道我說得對不對。」

我說：「果東方丈是不可能做這種事情的。」

阿姨：「那就叫果東方丈派個法師來看風水啊！」

我說：「這是不可能的，請不要打電話來講這個。」

阿姨：「那妳給我昨天那位小姐的電話。」

我說：「不行，而且身為主管，我不允許上班時講這些。」

阿姨：「吼唷，妳不懂啦！我是好心才幫你們看風水的！」

我說：「謝謝，但是這是違反規定的。」

阿姨：「這很嚴重，妳不懂才會這樣說，後果怎麼辦？」

我說：「後果我承擔，請不要再打電話過來。」

佛菩薩會指點風水嗎？或者受暴婦女被打是宿命因果嗎？就我工作所關注的「受暴婦女」與「受性侵」被害人為例，我深深認為宗教義理的解讀需要智慧，一樣的「因果業報」概念可以有不一樣的解讀。

台灣約有兩成人口為佛教徒，但台灣的信仰特色為佛、道、民間信仰不分，若以此來看，信仰因果之說者高達七成，因果、輪迴等觀念為多數台灣人接受，這從台灣人對於公益、慈善、助人等事務上的慷慨大方都看得出來。每逢重大天災或悲慘事故，捐款捐物的能量令國際社會矚目。

只是從反面看來，也會認為遭遇苦難是歸因於個人的果報，因此許多遭受家庭暴力的女性沒有勇氣脫離，即使社會願意提供經濟、就業、諮商、司法等扶助，仍讓受暴婦女選擇繼續忍受暴力對待，不願離開。

在支持丈夫可以毆打妻子的論點方面，確實若依據佛教數論學派的因中有果的因果解釋，認為事物是隱藏於自性中，萬事萬物都是從自性顯現出來的。自性是單一恆常的，一切的不同只是狀態的改變，本質是不會變的。所以受暴婦女被丈夫毆打不但是理所當然的，還要歡喜地被打，以歡喜心承受這個因，才能改變不同的果。

即便宗教中有部分支持丈夫毆打妻子的論述，但觀點是有其背景脈絡，要回到信仰的根本來思考：人的信仰目的為何？如何在同樣的佛法中找到其他視角解讀家暴呢？[2]

回到佛教的信仰根本，此生是來受報還願的，修行的目的在於離苦得樂，就中觀論而言，「未曾有一法，不從因緣生，是故一切法，無不是空者。」唯有一切法是空才能有生滅，而人是有選擇的，透過修行、發願、審思與判斷，去除執著而看清事件的本質，面對家暴並不是只有「接受」這個選項。

《中論》的觀點是：以一切事物無自性為前提，建立了「果不空不生，果不空不滅，以果不空故，不生亦不滅」的因果關係。遭遇家庭暴力是生命過程之一個現象，並非僅能停滯在受暴的點上，跳脫輪迴、離苦得樂不是佛陀的根

2 趙靜逸，2006，〈佛教中觀學派與印度數論學派「因果關係」論點對華人婦女面對家暴的意義〉，中正學報第七期。

本教導嗎？何以見樹不見林？

而就積極的作為來說，佛教的出家修行者依戒律保持單身，而在家居士則可結婚生子，經典中如《佛說尸迦羅越六方禮經》、《佛說善生子經》皆有明示夫妻間相處之道：丈夫不論是在家或外出都應該尊敬妻子，提供衣食無虞甚至珠寶首飾，妻子能夠自由支配家中財物，且不可以外遇或嫖妓。反之，妻子應敬愛丈夫，操持家務，當然也不可以外遇，夫妻之道有經典教導遵循之道，暴力對待從來都不曾是選項之一。

看見本質與價值

人生而為人，在成為女人之前，基礎上就是「人」。此世即使是佛教所言來受報還願，婦女都是獨立的個體，即使走入婚姻中，依舊是獨立的人；婚姻關係是多一層的家庭、社會關係的相處，而非丈夫或兒子的私有財產。

既是獨立的人，當然合理擁有生命權、財產權、婚姻權與離婚權；既然如此，沒有任何一個人應該理所當然地忍受暴力。家庭暴力是人在婚姻中可能發生的一個現象，並非是生命中理當承受的結果。

我們在所有正信的信仰中，都能看到人因生而為人對其自身價值的尊重，也有積極的經典可供信徒們遵循，創造幸福的生活方式，那麼即使在經典與信仰中，有片段、極小部分容忍家暴的章節和論點，過分地執著於此實在是鑽牛角尖，反而會忽略宗教中教導我們追尋生命的意義。還有一些是未讀經典的上下文或脈絡背景，就以字面解讀作為理解，甚至作為攻擊指責他人的工具。

宗教信仰的本質何在？我深信：**宗教信仰都是帶給我們平安的，需要靠我們的智慧去體驗。**

是助人還是騙人

至今的我仍存疑：「通靈能助人嗎？」老實說，我個人覺得幫助有限，尤其對於幫人處理阿飄的事情後，對方隔一陣子又回頭來問：「聽我朋友說我家樓上又有個女生在哭？」「我同事的哥哥看得到，說通靈感應到我家有兩個男的、三個女的，而且其中一個女生很凶，怎麼辦？」我們被感冒病毒感染後會請醫師幫忙治病，請問有人是要求醫師把全世界的感冒病毒都消滅掉嗎？病菌一直都在，出問題的是自己的抵抗力。

同樣道理，無形眾生一直與我們共存於這個宇宙，搞不好比你我還久，我們是要把無形眾生趕去哪裡？我們又有什麼立場趕走別人？**面對無形眾生，心安就有平安，要安頓的是自己的心。**

我也能理解關於阿飄，多數人都是「聽說」，所以面對時難免會慌亂驚恐，這時候務必更要冷靜啊！我在之前的書中曾分享過遇到「潛力神棍」的幾項特徵，希望大家防範、避免，在這裡我再舉個朋友的遭遇，希望他們的經歷和損失能給大家帶來借鏡。

話說我有一個朋友的朋友到泰國投資設廠，由於不通泰語，主要靠一位年紀輕輕、約莫二十出頭的女孩擔任翻譯，就姑且稱之為T女吧！而這位具有靈力的T女便透過十個步驟，在一年內便搞得事主人仰馬翻，差點人財兩失。

1.過度展現善良與能力：

泰國是佛教國家，出了許多修行高僧，T女表示她的舅舅正是道行極高的仁波切，從小教導她修行、行善，便建議初來乍到的小老闆、也是繼承家業的獨子，最好多多行善積德，讓工廠開發順利平安。在能力所及之下行善，多數的台灣人都很樂意，所以對方便經常泰銖一萬兩萬地交給T女，送去寺廟、孤兒院。T女不時提到自己經常捐款行善，幫助許多孤兒、流浪動物，許多廟宇更因為她舅舅的關係，使她備受尊重、懂非常多、認識許多高僧，年紀雖小卻是個人物呢！

我們身邊偶爾也會出現一些非常熱情的人，有些人是生性如此熱情，因此也不必太擔心，只要不是一味聽信對方說了什麼，多觀察對方做了什麼，就能保護自己。

2.取得信任，開始關懷指導：

多幸運可以遇到這麼善良又有能力，還願意幫助人的好人啊！接著T女開始給小老闆和家人們各種佛像、護身符，每個都是大有來歷，例如是跟哪個廟宇的住持特別求來的，靠舅舅仁波切請神明加持的，又或是家中珍藏多年的；還有是感應到小老闆有危險，所以哪間廟宇的神明特別叫她轉交的，有整尊的陶瓷佛像、隨身攜帶的小佛像，有像符咒或是像吊飾的東西，各種念珠當然是基本款。

一開始，小老闆和家人們覺得寧可信其有又是善意便接受了，可是越累積越多，反而不知道如何是好。

再來由於工廠地處偏遠、準備整地開發中，環境還挺荒涼的，晚上總有流浪狗聚集吠叫，附近也沒什麼住家，小老闆就和這位T女還有幾位員工住在廠房中。每逢流浪狗聚集吹狗螺時，T女便說：「這裡開發時干擾到很多靈，會危害大家，所以要辦法事。」或者經常提到樓上拿東西看到女鬼，上廁所看到小孩鬼，睡覺被男鬼壓床，還能形容出鬼的樣子，繪聲繪影的。

有次還指著沙發跟小老闆說：「看看這個壓痕，就是剛剛有鬼坐在上面。」拜託，皮沙發上面有摺痕是正常的吧？只是她天天說、天天講，搞得大家都覺得好像有這麼一回事。所以當T女說，得要花錢請仁波切舅舅辦法事或買各種護身符時，也不得不信了，反正一點錢能解決的事情，不從的話，以後萬一出事怎麼辦？

3.展現有形與無形的實力

於是工廠不認真發展，開始花一堆金錢和時間在處理看不見的無形眾生，一下子要到這個廟宇拜拜，一下子得去哪塊空地灑水淨化，花了這麼多力氣還得感謝T女幫忙哩！還好有認識T女才知道怎麼處理這些災厄，感恩T女認識這麼多有形的寺廟幫忙超渡，讚嘆T女能經常感應到神佛，讓不好的事情沒有真的發生。

尤其T女說，之前離職員工挾怨報復，給工廠放了惡毒的降頭，要不是她拜託舅舅仁波切化解，後果真是不堪設想。

也因此廠房後來的建築施工怕遇到壞人放符法，只能包給T女的叔叔施工，否則會有問題。當然價格就沒什麼空間了，畢竟能請到叔叔來蓋廠房已經很幫忙了，那些建材還可以說是有被祝福加持過的呢！

唉，我小時候真的太不動腦了，當年我應該投資建材行，除了有防火建材，我也能推出防鬼建材才是，多有商機啊！

當我聽到朋友講這些過程時，告訴自己要有風度、安安靜靜地聽完，然後讓朋友自己再從頭到尾重講一遍，沒有覺得怪怪的，就再重講一遍，多講幾遍自己就會笑出來了。說看到鬼的是那個人，說解決鬼的也是那個人，一整個買空賣空，我笑朋友都幾歲的人了，還跟這個二十歲的女孩玩繞圈圈。

4.畫了空中大餅不吃嗎？

而後，朋友和家人開始感到有問題了，想要停止這些鬼故事，但T女覺得非常委屈，要不是這家人運氣好、有福報，請到她這個有仁波切舅舅的善良女孩，這些降頭、鬼亂該如何是好？這一切都是宿命的安排！

原來啊，T女看見了她和小老闆的前世今生——他們有七世的緣分，這輩子的任務就是要結為夫妻，而且他們的兒子已經跟在兩人身邊，一年內要是不趕緊結婚、三年內沒把這男孩生出來，身邊的靈兒子就會作亂，小老闆恐有生命危險！

這個「預借嬰靈」的概念著實嚇壞小老闆，尤其他還有個交往多年的女友，可是不娶T女又有生命危險，該如何是好？

聽到這裡，我只能由衷佩服我朋友真的人好好，連自己都還沒生的嬰靈也願意認養，擔心有生命危險，也真夠悲天憫人了。我說：「怕就娶啊！」小老闆的家人們很為難，我說：「娶了你家就有得忙了，一不順她的意，整天看鬼抓鬼的就飽了吧？」何況這樣對那位長期交往的女友情何以堪？

小老闆表達出無法娶T女的決定，T女整個委屈崩盤。她說：「要不是我舅舅幫忙，你們早就出事了！」「我是為了保護你，其實我本來是丹麥十大首富的養女，應該要飛去丹麥繼承養父的遺產，為了你都沒去，你還不娶我？」「那個未出世的小孩給我們一年的時間結婚，不然真的會有生命危險，你都不怕嗎？」我是建議對方趕緊去丹麥繼承遺產比較重要，請小老闆家出機票錢快點送她去。T女便說：「我要留下來保護大家，遺產部分，律師會找時間從瑞士飛來泰國讓我簽署文件。」

事情發展到這裡，我其實不驚訝T女的言行，比較驚訝的是仍有人擔心，萬一她講的生命危險是真的怎麼辦？

5.看不見功勞

當T女知道台灣有個很機車的人一直頂嘴之後，也使出了新策略，細數她為小老闆做的各種付出以及各種功勞，多半是處理掉多少詛咒和阿飄的攻擊，還有各種宿命中的劫數。

她控訴說：「我都付出這麼多還不被信任，真的很想哭。」我說：「老闆出錢雇到這種員工才想哭吧？」同時也請她介紹一下仁波切舅舅，為大家擋了這麼多災難，於情於理都應該當面向舅舅致謝。但T女說舅舅之前為了幫工廠擋下降頭詛咒，所以雙腿骨折，無法出門。我說：「那麼就我們一起去拜見仁波切也行啊！」她又說：「仁波切現在是在喜馬拉雅山的深山裡面閉關，所以我們見不到。」

也是啦，如果在喜馬拉雅山的深山裡面不能上網，我也不想去，而且聽去過西藏的朋友們都說那裡上廁所很不方便。雖然也滿好奇她跟舅舅平常怎麼聯繫的，但我對T女並沒有感到什麼困擾或興趣，比較困擾的是朋友仍會擔心：「萬一她說的有一項是真的怎麼辦？」我真的好想從喜馬拉雅山把我朋友推下去喔！

6.會有問題都是你的信任不夠

T女的本事就是讓人心生恐懼，並且是循序漸進。

倘若一開始有個陌生人跳出來對你說：「你要在一年內娶我，否則會有生命危險。」我們都知道要離這個人遠一點，好心一點的就幫她聯絡家人送醫院。但她若是你認識的人，或者是朋友親戚介紹的，這時候就會混亂了：「萬一她說的是真的呢？」

姑且不說對方的動機，記得我學妹曾說過，小學五年級時有個同學常對她說：「我看得到鬼。」每天跟她說這裡有、那裡有，某日，對方說：「我感應到妳媽媽就快要死了，半年內就會死掉。」我學妹當場嚇哭，而這恐懼的陰影持續了很長時間。我們實在很難理解，為何一個五年級女孩要做這樣的事？其動機可能很複雜，但我覺得會讓人心生恐懼的，都不是好事。

當我朋友聽了我的建議與看法，開始反問T女求證，在各種不合理的回答後，T女便放大絕：「你現在開始有懷疑，感到不安困擾？那都是因為你對我的信任不夠！」「只要你完全信任我，就不會有任何問題也不會感到困擾不安了。」又把誘餌丟給我朋友一家子：「很煩惱嗎？別煩惱了！只要相信我就可以圓滿了。」

也是，這世上不要動腦真的會活得比較輕鬆，其實也是一種選項啦！我也告知友人一家，自己判斷決定吧，又不是我要娶她生子，代價就自己選擇自行承擔吧！

7.全面的掌控才能滿足

其實事情一開始沒那麼複雜，友人一家也秉持善念，能為無形眾生做的事情，能力所及都無妨。不過T女要的不只是這些，而是藉由看不見的無形眾生——也沒問過他們意見，啥事都賴在阿飄頭上——除了讓友人一家掏出錢來，更進一步連工廠聘用的人，甚至小老闆的婚姻都要介入，只有全部掌控才能滿足她。

小老闆一家人起初覺得小錢能處理的無妨，但是那個洞卻是填不滿，甚至當時小老闆家人也考慮，是否辦理結婚儀式來度過命中注定的劫數就好？等於辦個儀式，但沒真的結婚、唬攏過去。可是T女說身旁那個等待轉世的兒子虎視眈眈，不但要結婚，還得要生小孩才可以完成宿命中的任務，倘若真的結婚生子，鬧出人命，那事情就難以收拾了。

這讓我想起以前會來問事的人，一開始可能是想問某一件事情，例如什麼時候我的桃花會來？倘若我說了是幾月，屆時又會問：「現在遇到這個男的是正緣嗎？我和他會有結果嗎？」要是我說沒有結果，就不認真交往嘍？但如果真的交往了也不會放過我啦，之後吵架也要問、結婚也要問、工作也要問、生小孩也要問、生男的女的都要問，什麼都想問一下。我也很好奇，那認識我以前這人是怎麼過日子的？其實沒問我也都會好好的啊！是福不是禍，是禍躲不過，人生就是一連串的經歷，快樂和痛苦沒有人能替你承擔。

但偏偏世上就是會有人想要掌控別人的人生，我想這是一種嗜好和樂趣吧？小老闆的女友曾經要飛去泰國一起過生日，結果T女知道後激烈反應，表示小老闆的女友身後跟了很多不乾淨的東西，絕對不能讓她踏入工廠一步；而小老闆會被很多無形眾生攻擊，絕對不能離開工廠，否則會失去她的保護。於是這麼一個生日就在男女朋友分隔兩地的僵持中度過。

然後她說那個未出世的男嬰很生氣，如果雙方不分手會有很大危險。至此正常的情侶應該會想搧T女兩巴掌，不過深陷其中的男方還會想問我：「可以幫我看看那個男嬰是真的很生氣嗎？要怎樣才不會生氣？」我才不管那男嬰有沒有生氣，我很生氣、你女朋友很生氣、你女朋友全家都很生氣！

算命所謂的「正緣」表示是可能結婚的對象，人的一生中可以擁有很多個，但不是每個都要結婚，更不代表與正緣結婚就能一路順遂幸福；遇到了正緣沒結婚，也不會自動原地爆炸。所以我不相信若不跟T女在一年間結婚就有生命危險，但我相信我命中注定時不時會出現這些短暫斷片失智的朋友。

8. 瞎忙讓你無法思考

每個文化中都有其習俗禮儀，例如出生禮、成年禮、婚禮、葬禮等等，民俗宗教上也有安太歲、光明燈之類的節日習俗。常有人問我要遵守嗎？有效嗎？這些儀式不外乎具備祈求、懺悔、祝福的意涵，在開心平安的心情下，遵從又有何妨？但若是無力負擔，造成困擾、爭執，那就好好思索為什麼要做？還有困擾的點在哪裡？

人類的生活形塑了這些禮儀儀式，讓社會群體有所規範，也讓我們心有依歸，凝聚家庭、家族、朋友等連結。比方說過生日吧，這也是個儀式，如果我覺得不開心、不想慶祝生日，不行嗎？還是害怕不慶祝生日會出事，惹誰不開心，天降大難？

二〇〇八年，我到德國特里爾大學就讀短期語文學校，正逢生日，德國朋友買了蛋糕給我慶祝，但對方還要為此更改旅行行程，只因為當地習俗是慶生日期不能提前，只能延後慶祝，若提早慶祝生日會對壽星不好。我說我沒忌諱啊，有朋友願意花時間一起吃蛋糕就很開心了。我相信這些儀式都是祝福，我選擇正向看待。祝福是無形無價的，不是比較金額高低、論斷功效的商品，倘若自己不讓自己心安，再多的儀式也無法填補心中的慾望和不安。

還有一種人如T女，則是會讓人不斷忙碌、進行各種趨吉避凶的儀式，通常不是出錢就完事，還得要準備各種奇怪的供品，例如：幾項水果、鮮花、動物，光是要找到符合條件的就夠忙了，有些還會說千萬不能說出去，一定要自己籌措，若說出去就會法力失效，因此搞得當事人光是整天煩惱這些就飽了。我是不明瞭為什麼說出去法力會失效？應該是怕當事人把事情說出去，不但朋友不幫忙，還會被朋友取笑吧？

遇到這類事情，請不要慌亂，多徵詢朋友意見，想想事發始末經過，冷靜下來。腦袋不是為了支撐漂亮髮型而生的，只要冷靜下來，大道至簡，相信用常理判斷就會作出明智的決定。

9.自我懷疑就難辦了

為了這件事能跟朋友牽扯這麼一段時間，也只能說隨著年紀增長，我也變得成熟多了——因為我真的不明白，事情有那麼難處理嗎？請了一個不斷跟你要錢、還要你娶她生子的員工，不是聯絡她家人帶回去處理就好了嗎？

我是建議越複雜的事情就用越簡單的方式處理：買機票讓小老闆回台、開除T女。而且冷靜一段時間之後就會覺得好好笑喔，我跟朋友說這故事讓我上電視講，一定會被觀眾們笑是唬爛的。

送小老闆回台當然得要付出代價，包含在泰國的投資有可能遭受巨大損失，但我反問：「是這獨子重要還是財產重要？」再來，T女威脅若開除她，她叔叔會停止廠房工程，仁波切舅舅也會停止保護廠區，一切後果要朋友家自行承擔。

然而就當朋友家下定決心要送小老闆回台時，T女開始耍瘋癲，一不順她的意就昏倒，救護車來了又清醒。反反覆覆讓小老闆疲於奔命，總是擔心若真的出了人命要怎麼辦？

最後搞到T女要求晚上得和小老闆睡同張床才不會昏倒，但我聽到都要昏倒了！朋友說不知道該怎麼辦，問我有沒有什麼法器？符咒能治得了嗎？我說：「昏倒時就拿針戳她啊！戳手指、戳手指！」真的只有幽默感才能面對這些荒謬了。反正我正經八百跟你說不聽，只好笑一笑，看你會不會醒？

最終的決戰是T女準備了幾罐水要小老闆定時喝，我不但阻止，也請T女若不離開公司就交出指甲和頭髮，由我來為她施法祝福。還好恐嚇別人的也會怕別人恐嚇，T女反倒因為我這麼一嚇，自己退縮、收手離開。

如今回想那段時間，真的是胡搞瞎搞啊！只能說朋友一家人算是幸運，遇到這個二十歲的小女生還有些天良，害怕報應會縮手；若是遇到一個狠心的，恐怕沒那麼好收拾了。

總的來說這種事還是得看當事人的心態，倘若自我懷疑，旁人給予任何建議可能也無法發揮作用。從根本來說，若是一開始就不理會對方以鬼為恐懼的恫嚇，也不會發生這麼多後續事情，搞得人仰馬翻了。真是要感嘆一句：天下本無事啊！

10.失去辨別能力便迷失了

友人的情況算是幸運，僅有些錢財的損失跟廠房建設的延遲，後來也仍和女友結為連理，生活回到正軌。最糟糕的情況是一路被引導，而後當事人越來越自我懷疑，不知道要相信什麼？當你的心是汪洋中的扁舟，隨著浪潮來來去去，就只能任意地被控制，不安也會影響工作和健康。活著卻經常擔憂、不快樂是多痛苦的事啊！

除此之外，這件事也有令我難過的部分，就是惋惜一個才二十歲的女孩，怎麼會用鬼神之說搞得大家這麼痛苦？這何嘗不也是一種迷失？

金錢與權力的檢視

許多遭遇詐騙的受害者，事後也很納悶自己當時是否被鬼遮眼？也有許多人摸摸鼻子自認倒楣，要是事情曝光也太丟臉了，怎麼這麼輕易被牽著鼻子走？但真的不必太過自責，會陷入這個圈套，基本上只有兩件事：就是「金錢」與「**權力**」。前者的目的很單純，是為了掏出你口袋裡的錢，簡單易懂。但有些神棍也沒要你掏大錢，要的是讓你聽命於他，被他控制的那種快感。像我學妹至今弄不明白，為什麼連小學五年級學生都要裝神弄鬼嚇她？因為能讓別人言聽計從也是一種權力控制，權力與金錢同樣很迷人啊！

而每個案例也不是從一開始就言行離譜，如同朋友這一例，哪個女孩第一次見面就突然說：「三年內你要娶我生小孩，不然你就大難臨頭！」絕對會被別人當成神經病，事情也就落幕了。

所謂的欺騙，都是騙到相信的人，多半一開始是有豬隊友引薦，或是事件發生而取信於人，再慢慢地越來越歪。

例如有位朋友，他信仰的老師一開始講佛法、談因果，教他要孝敬父母、行善積德，剛開始一、兩年跟著老師講道作法事，主要是靜坐、焚燒紙錢化解冤親債主，家人也不以為意。但慢慢地，老師要他購買各種法器，在他花光積蓄之後就指使他闖空門行竊。這下子事情大條了，他本人卻陷入掙扎：「難道要承認這些年追隨老師求道都是錯的嗎？」

其實走過的路都不算是錯，只是付出的代價比較大。負面教材也是教材啊，端看這段經驗帶給自己怎樣的成長；依法不依人，以戒為師，不必拿自己的人生繼續賭下去。

所以若有自己是否遇上神棍的疑慮，請以「金錢」與「權力」來檢視。修道要如理如法，若太過超越常軌，讓你產生疑慮和負擔，就以這兩項檢視是否與對方發生金錢與權力的糾纏？有的話，如果無法果斷離開，可以慢慢拉開距離、繼續觀察，找到平衡的方式。

修行會讓你的生活更自在，若是搞得一塌糊塗、不可與他人訴說的，務必慎之再慎之啊！

看不到鬼的偶爾會失去辨別能力而迷失，說自己看得到鬼的，何嘗不會迷失？為了自己的慾望或陰影，誰都可能迷失；我常比喻遇到困難就像考試，與其想著怎麼逃避考試，不如好好做準備。

雖然考試不一定能考滿分，總有扼腕的時候，但只要盡力作答就好，一切困難都是生命旅程的一部分。至於如何降低迷失的風險？我個人有些體悟可以分享，也希望大家能擁有平安如江河、喜樂如泉源，讓各種考驗不是負擔而能豐厚我們的生命。

我的生活修行之道

台灣的通靈人很多，不過能將自身經驗訴諸於文字、讓大眾了解的並不多。我們無法獲得更多通靈人的經驗與看法，對於認識浩瀚的世界還滿可惜的，如果有越多的通靈人願意透過寫作分享自己的見聞，那我們就有更多的機會彼此了解。

我是一位很幸運的通靈人，雖然一路走來跌跌撞撞、有苦有淚，不過很開心能活出現在的樣子。偶爾回頭看看身後的風景，有時不免會心一笑，謝謝生命中發生的一切形塑了現在的厚度。所以我將這一路的感觸和方法做了整理，期盼有相似經驗的朋友能安然度過各種生命的關卡，你並不孤單！

1. 補充精神食糧

能夠書寫也喜歡書寫的我是幸運的，這要大大感恩我的父母從小就培養我的閱讀習慣。記得小時候，每個月都會有台裝滿書籍販售的發財車停在巷口，爸爸總會帶我去挑書。幼稚園時，我已能背完一半的《三字經》，國小時最愛的則是《窗邊的小荳荳》系列。國小高年級時，那部發財車已經滿足不了我對閱讀的需求，就自己去行天宮旁的圖書館與學校圖書館借書，那時候最喜歡的是各種歷史書籍和偉人傳記。時至今日，每個月逛書店、買書是我最大的樂趣之一，除了身體要吃飽飽的，精神層面也要補充食糧。

可能因為喜愛閱讀，我的學業成績一向不差，就算高中時幾乎沒辦法好好念書，大學、研究所仍考上理想的學校。雖然會念書不代表一切，不過在台灣若是能保持不差的學業成績，學校的日子不但比較好過，也比較能獲得成就感，自然就比較有自信。記得我的學生時期還有豐富的體育和社團活動，尤其國高中都參加管樂社，演奏樂器超級紓壓的，因此去學校上課總是我期盼的快樂時光。

當我大學畢業、決心離開通靈生活後，有三年多時間總感到很迷惘，便用拚命工作和棒球來幫自己度過。我也不曾放棄對宗教的認識與追尋，幾次被宗教學者訪談後，想到：「我都是被宗教學者訪談做研究，為什麼我不乾脆自己去做研究？」況且我總是惋惜沒機會盡情享受大學生活，何不去攻讀宗教研究所？所以除了平時就閱讀各類書籍之外，念研究所也開啟了我從學術觀點研究宗教的新視野。

宗教研究所的碩士學位真的不容易，除了我們熟悉的華人宗教與歷史外，包含猶太教、基督宗教、伊斯蘭教和印度教等世界宗教都是必修。而各大宗教傳統之外，研究方法、歷史文化、性別與社會學以及專精的主題，都是學習的內容。

依據課程與畢業要求，我同時還學了德文與阿拉伯文，加上閱讀資料多為英文，那段時間都覺得自己是人體翻譯機了！不過這些辛苦都是值得的，浩瀚無垠的學海讓我看到自己過往狹隘的世界觀，現在擁有永遠學不盡的知識、數不盡的觀點可以認識宗教。

學術研究還有一個特性：學術討論是個安全環境，可以盡情提出觀點、進行討論，沒有絕對的對或錯。各個宗教的傳統與文化都有不同的脈絡與背景，討論研究可以從各種不同層面的觀點去梳理，這讓我以比較彈性和成熟的方式去認識宗教、解析宗教。也因為在宗教研究所學習了這些方式，並內化為自己的觀念及態度，這些年來也潛移默化了我對人生過於執著或鑽牛角尖的想法。

攻讀碩士是個艱難的考驗，但接下來，我發現教書也是個毫不輕鬆的考驗。感謝昭慧法師的提攜，二〇一五年讓我在玄奘大學宗教與文化學系擔任兼任講師。我主要教授的科目有：伊斯蘭教概論、伊斯蘭教史、伊斯蘭藝術與文化和中國民間信仰。自己好好念書是一回事，把腦子裡的東西講出來又是另一回事，所以準備課程耗費的心力比當初念書寫報告還多。但課堂上講課教授也是一種學習，總不能自己講得很開心，同學們睡成一片吧？怎麼把宗教知識講得有趣、引起同學們的學習動力，直到現在，我仍是戰戰兢兢的。

人們說「教學相長」是真的，在課堂與學生的互動中，同學的提問也有問倒我的時候。因為沒接觸過提問的議題，或是沒有比較完整的認識，在沒信心掌握議題之下，我會請同學給我一點時間去蒐羅資料。

雖然「身為老師」卻瞬間感到自己的不足，我因此興起了繼續攻讀博士班的念頭，期許自己成為成熟的宗教學者，能用淺顯易懂、趣味活潑與貼近生活的方式讓大眾認識各個宗教。

我真的覺得閱讀是人生最棒的投資了，因為我可以用短短時間和少少金錢，就能獲得作者專業的多年知識與經驗，拓展並使我的視野成熟，不必自己從零開始摸索。例如你現在正在閱讀本書，翻閱的幾個小時卻包含了我十年努力、有血有淚的體悟，閱讀是吸收別人累積、整理的精華，藉此厚實自己的生命，多划算的方法啊！

2.健康的興趣

人生難免遇到許多苦痛，其實理智都知道時間能治癒一切，再怎樣痛苦的打擊，不敢說一定痊癒，但時間通常能淡化傷痛。苦是苦在糾結於眼前的痛苦，放不下、甩不掉，人人都知道要看開，但要怎麼做？我覺得在還沒有與心意相通的信仰相遇之前，培養一些興趣也是個不錯的生活修行方式。

我的興趣滿廣泛的，這些興趣、嗜好幫助我轉移注意力，也能抒發壓力，讓我停止鑽牛角尖，把痛苦無限放大。除了喜歡研讀宗教和歷史書籍，我的休閒娛樂是棒球、空手道和音樂。每當我在工作上受挫，就把重心轉到讀書；讀書乏累了，就到棒球場或空手道館揮汗運動。各種科學研究都有佐證，陽光和運動對於恢復憂鬱心情挺有幫助的。

另外我也喜愛京劇、音樂劇、樂器，雖然學過的小喇叭和二胡只在孤芳自賞的程度，但自己開心就好了啦！總之在這些不同興趣的轉換中，也讓我淡化負面情緒，尤其音樂和運動本身就有療癒功能。

在我的眾多興趣中，最常被問到怎麼會喜歡京劇？哎呀，京劇世界就是我的《哈利波特》呢！京劇對現代人似乎是距離遙遠，但其實當作東方歌劇來看，京劇一點也不遙遠。西方有許多音樂劇曲目傳唱成流行歌啊，例如〈Do you hear the people sing?〉或是《貓》劇裡面的〈Memory〉。京劇也是如此，擁有許多膾炙人口的歌曲、耳熟能詳的故事，比方說：《鍘美案》、《鎖麟囊》、《清風亭》，當然還有令人熱血沸騰的武打戲，兵器、筋斗、抬腿、翻滾，就跟空手道的「演武」一樣，一舉手一投足都帥到你不要不要的！

京劇也有不可或缺的文武場配樂，引領全場氣氛高潮迭起，而演員們則穿上閃亮亮的華麗戲服，畫上色彩強烈的扮相。我最喜歡京劇演員的臉譜，光看臉就知道這傢伙是什麼個性；記得要提防畫白臉的會耍陰險、鼻子上有一坨白的就是來亂的丑角、有大把大把紅鬍子的，就不要把他的嗆聲放心上，反正他就是這般個性嘛！

是說這樣是否整個很放心，不像現實中的人心隔肚皮，要是每個人出門都能像扮戲，把性格寫在臉上，大家的日子都會簡單輕鬆多了。

京劇演出如上所述具有一定的程序，例如穿上八卦衣就只能唱孔明，若同時有羽扇綸巾還唱《甘露寺》，會被觀眾揍的，信不信？生旦淨末丑各有各的規矩，搭配著文武場鑼鼓喧天，是不是就像搭上通往霍格華茲的列車，準備進入時光隧道到另一個時空去了？

我需要進入這個虛擬世界，逃避中學時在宮廟的那個瘋狂世界。瘋狂的現實常常讓我困惑，我不懂為什麼人要撒謊？為什麼金錢這麼重要，就連骨肉妻兒皆可拋？京劇的世界裡總有「公義」，《打龍袍》、《打魚殺家》有官府的正義也有小民的造反；更吸引我的是古人的「氣節」，他們不論男女都願意為理想拋頭顱灑熱血，例如《趙氏孤兒》的韓厥、《伍子胥》的浣紗女。要是我能這樣了結一生，那也是個精采。

現在的我仍然沒法圓融智慧地處理複雜的人事，何況是當時才十幾、二十多歲的我？我只是想幫助人，可事情怎麼都會歪掉？於是只能怒唱《徐策跑城》：「湛湛青天不可欺，是非善惡人盡知！」或是《野豬林》：「滿懷激憤問蒼天！」

而《曹操與陳宮》是陪伴我度過脫離宮廟時期最重要的戲了，戲詞裡的「聽他言、嚇得我心驚膽寒」「這是我自己來做差！」「悔不該隨賊奔天涯！」「多蒙丞相多寬宥，富貴榮華我無所求，船到江心難補漏，願隨清風付東流。」不都是唱出心坎底的話嗎？該劇講的就是個「悔」字：「這才是花隨水，水不能戀花……」唱完真的好多了，隨著劇中陳宮求仁得仁死過一遍，讓心中某些部分也死去，再唱一段《鎖五龍》的「二十年投胎某再來」，人生不就這樣嘍！

我沒有預料過出書和改編影劇會受到這麼大的關注，十多年前的我已經生無可戀，常常祈禱著看能否睡下去就不必起來了；後來有了信仰，漸漸樂觀起來，信仰成了近年人生很重要的支柱，但我也沒有拋卻京劇。幾年前在新舞台首次看了《知己》，全劇就特別記得一句「自從遭點染，拋擲到如今」，已哭暈，人生好像就這樣吧，自己清楚活了個什麼就好。

我覺得讓自己的生活多幾個選項，這個開心、順風順水就多投入一點，遇到鬼打牆或壞人就避開一會兒。尤其生活中難免會遇到看你不順眼、找麻煩的，也別糾結對方為什麼要誤會你？該怎樣化解？喜歡一個人沒有理由，討厭也是，總是會有對不上頻道的，此時莫強求也別追根究柢了。越是糾纏越煩惱，轉移注意力換到其他事物上，對方給你的困擾也就淡化了，也是另一種協助我們放下的方式。

記得有一次在棒球場，我很開心地跟某人打招呼，過了一會兒，身旁朋友問我：「你們不是上個月才吵架？妳這麼好，還主動跟他打招呼喔？」我說：「什麼？對吼！是他！可惡！我忘記我有跟他吵架了！」因為生活中還有更多值得關注的美好事物，真的不要浪費在不愛你的人身上。我都開玩笑說：「我可是很會記仇的，只是比較健忘而已。」

培養興趣就是找到自己熱愛的事物，既然熱愛，就會找到力量，也會因為愛而有失望失落，但這一路堅持與放下的過程，何嘗不就是一種生活修行呢？

3.尋找良師與益友

至今，我還是對於處理「人」的事情很煩惱，因為拿捏人事分際靠的是智慧而不是通靈。通靈只讓我能看鬼，沒教過我怎麼看人，或是分辨好人壞人。

但其實我也不覺得世界上有真正的壞人，「壞」一方面是立場不同，二方面可能是心理生病了；況且好人也會把事情給做壞了，例如我常感嘆：「爛人都是爛好人培養出來的。」事情的成因很複雜，人心更複雜，何苦糾結於貼上好壞的標籤？

有些民眾會怕「卡陰」，總覺得被阿飄跟著很不好，但我覺得阿飄們來來去去都是過程，也沒什麼好或不好的。有些人一聽到後面有跟著無形眾生，巴不得馬上要趕走對方。某次我問：「可是對方看起來像是來報恩的耶，你確定要趕走對方嗎？」例如家父年輕時曾開車經過某鐵路路口，正要起步時，不知為何人整個愣住了，幾秒鐘後恢復正常，正要打檔起步時，一列火車便在眼前呼嘯而過。那天的柵欄莫名失效，倘若不是無故發愣的那幾秒，家父可能就一命嗚呼了。原因是什麼？不知道，那時只感恩想必是無形的相助。

當人們追問：「那這阿飄是好的還是壞的？」這好像又更難回答了，因為我連就在眼前、有肉體會說話相處的都很難分辨了，何況是看不見的無形？有些人平常都是好人，牽扯到自身利益後才走鐘啊！人際關係是動態過程，隨時會改變，無常才是日常。佛教更以「逆增緣菩薩」來稱呼生活中出現的垃圾人——好啦，應該說他們來提升我們，給我們機會變得成熟，這樣想也是放過自己。

《論語・述而》：「三人行必有我師焉，擇其善者而從之，其不善者而改之。」每個人身上都有可以學習的地方，即使是負面的，也能提醒自己不要成為自己最討厭的人。況且身而為人，不可能離群索居，與人互動、產生各種人際關係也是生活必需。然而隨著社群網路與通訊軟體的發達，人與人之間卻沒有更加親密，甚至心中更孤獨疏離，與朋友、家人、伴侶用餐卻各自低頭滑著手機，那樣很弔詭，卻是每個人的日常風景。

我還滿珍惜生命中的每一位朋友，認為他們都是安排好的，友情破裂或不符期待時，我也會很扼腕傷心。但一段關係的失去，無論是否好聚好散都會產生負面情緒，這是自然反應。為了不要產生負面情緒，我們花了很多力氣勉強自己去做不樂意的事情，甚至維繫關係。例如我不想聚餐，但怕朋友不開心，以後不約我或怎麼看待我？因此勉強自己去參加，參加後又不快樂。或是有些朋友開口請你幫忙，就算感到負擔也不好意思拒絕。像我最討厭朋友約吃飯後，到場才發現還有其他陌生人，多半是他什麼重要的朋友、上司，然後要我「順便」幫忙看一下，這類的我大概一次就不會再聯絡了。

「幫一下會怎樣？」幫一下是不會怎樣，俗諺說「升米恩、斗米仇」，是說有兩戶人家本來關係不錯，某次發生天災，經濟狀況不好的那家餓到等死，比較富裕的這家想說能力還行就幫忙一下，送去一升米救急救命。窮人家自然非常感謝救命之恩，熬過這艱難的天災後，某日又提到明年播種的種子沒著落，富人便乾脆再送對方一斗米。可是這斗米給了窮人家，家人們卻不以為然，認為對方這麼有錢，怎麼只給這一點？實在太過分了！這故事是否還滿熟悉的？順手幫助別人，久了就成了應該的，之後不做還怪你哩！

記得過去曾有個密切合作的朋友，我在對方的工作上提供不少幫助，一年多之後，他的本業狀況穩定了，倒是跑去玩起副業。關係漸漸疏遠了之後，本業也在分心下出現狀況，於是又想起我這個人，多次聯繫卻不得我的回應，對方便在社群網路上感嘆：「我還是很珍惜這個朋友。」共同友人來問我要不要重拾友情？我說：「我不是他的好朋友，只是他好用的朋友。」

其實也不必高談闊論友情的定義與大道理，只要不顧慮你的利益、心情及處境而繼續勉強你的，以「好朋友」和「好用的朋友」原則，就能簡單地篩選出身邊的朋友了。請記得：壞的不去、好的不來，騰出空間迎接真心愛你的好朋友吧！

所以低潮真的是生命中的禮物，順風順水時大家都是好朋友，遭遇困難時就知道誰是真朋友。人的時間與精力有限，愛你的人很多，爸媽不是把你生出來被糟蹋的，愛你的人會難過喔，別讓親者痛、仇者快。當然，我們也要反省自己是否成了別人的逆增緣菩薩。內觀內省必須是修行人的內建功能，可別成了只會說嘴別人，站著講話不腰疼呦。

的確，人類世界好危險，不如畜牲的活人多得去了，還好上天也給了我們許多可愛的動物，不妨也與其他動物培養感情，領養狗狗、貓咪等也是很棒的選擇喔。

我以前不曾想過會飼養動物，但兩年前因緣際會之下，領養了流浪犬「耶魯」。被打慘的牠也算是受暴婦女呀！剛帶去給獸醫檢查時，還疑似內出血得服藥，現在可是辦公室不可或缺的心肝寶貝。

之前經歷低潮時，我最喜歡帶牠去河濱公園騎腳踏、跑步，望著牠燦爛的笑容，所有憂愁一掃而散，尤其牠看著我那種深愛的眼神，第一次體驗到這樣被深愛的感覺好溫暖。朋友說耶魯很幸運遇到我，但我才要感謝耶魯走進我的生命，讓我學習被愛與愛人。

只是索非亞養的狗狗好像也是怪怪的。有次帶牠去河濱公園球場看棒球比賽，當我專注於精彩的比賽時，身邊突然來了兩位面帶哀愁的阿飄，我愣了下還沒回過神來，兩位便往河邊方向飄去。我還搞不清楚狀況時，突然想起：「咦，我家耶魯呢？」喊了幾聲還不見狗影，直覺便往剛才那兩個阿飄離去的方向跟過去，只見矮樹叢後的耶魯正在吃地上的四碗供品。我大喊：「耶魯，不可以啦！」牠還伸出舌頭舔掉嘴邊的米粒。

我趕緊跟阿飄道歉說：「對不起對不起，我家耶魯很乖的，一定是附近的流浪狗帶壞的。」身旁目睹一切的朋友說：「喂！妳看看附近哪隻流浪狗敢過來？只有妳家這隻敢這樣，還牽拖哩！」我只能羞愧地說：「狗仗人勢啊！」

過去我最難過的事情之一，便是有些通靈人發善心助人，甚至也願意借身體給無形眾生使用，發心盡己所能助人為樂，只想著幫助人，沒想過自己也是身在肉體，有世俗生活的現實責任。在缺乏保護措施或過度消耗之下，無形眾生和被幫助的對象只是過客，來了就走，最後只剩修行幾十年後身心俱疲的自己，經濟困頓、工作不穩、家人不諒解，甚至自我懷疑與埋怨這些所謂的「修行」是為了什麼？

我一直相信宗教信仰和修行都是讓我們更平安幸福，倘若是活得越來越糟糕痛苦，真的得停下腳步思考一下，請益良師益友的建議，找回健康的修行途徑，助人也要自助，修行的路才能走得更遠更快樂。

4.身心靈平衡

若把人視為「身心靈」的組合，意即身體、心理、靈魂，那麼過往的我比較注重、用功於精神層次，觀照靈魂和心理，身體總覺得不過是一只臭皮囊，教自己不要太在意，只是因為擔任棒球裁判，多少會注意小心不要受傷及做些肌肉訓練。

至於外表或病痛，我常告訴自己都是假的，不要執著皮相、隔絕情緒。直到這次在美國骨折受傷之後，身體嚴重影響情緒，我才警覺到自己的盲點。

所以生活實在不可忽略生理與心理的互相影響，倘若生理和心理都病了，靈魂又怎麼會健康呢？俺一生胸無大志，不求超凡入聖，只盼健康幸福地開心過日子。

我一直對於各種宗教儀式都感興趣，但多半止於觀摩和學術研討，可能隨順因緣的心態使然，小時候也曾有老師要收我為徒、傳予法術，我都是感謝婉拒，每個人有自己合適的路數，強求不來。

我個人比較偏向每日固定的功課，例如禮拜、念經、打坐，總覺得這類積沙成塔、持之以恆的方式與我比較相應，也都應付得了各種困難和負面情緒。倘若遇到特別棘手的狀況，我還是傾向自然原則：大道至簡，世間萬物都有平衡的法則，也應該是簡單自然的。而以下這些都是我經常用來調整身心平衡的方式：

水。人類生存三要素：陽光、空氣、水。水就是我最常用來淨化與排除負能量的法寶，再者人本來就是水做的，人體百分之七十都是水，不管是臟器活動如心跳、腎臟、血液循環、皮膚呼吸，以及最基本的細胞活動，統統離不開水。水就是生命的泉源、基本要素，目前科學研究也顯示地球上的生命是從水中的單細胞開始發展，人體的胚胎也在子宮的羊水中發育，當我們人出了狀況，「水」是最好的療癒復原要素。

除了最基本的飲用開水，「陰陽水」也是一種方法。民間流傳的「陰陽水」最早可追溯到春秋戰國時代，簡單地說就是把陽水與陰水兌在一起。不過關於陽水與陰水的定義卻有數種不同的說法。

原則上，陽水是指長年曝曬在陽光下，或是不曾落地之水；也有一說是供奉過神明的水，更簡單地說是煮沸過的水。陰水則是指不見陽光之水，例如井水和地下泉水等等。

所以多喝水沒事、沒事多喝水還不夠心安的話，那喝陰陽水吧，可以把煮沸的水兑上商店購買的地下湧泉水（要礦泉水而不是蒸餾水），在清晨和傍晚時飲用。以我多年來的經驗，這樣有排除穢氣的效果。

清洗沐浴。此外就是多清洗沐浴。每當狀況不對、心情煩悶時，我就開始整理房間，擦拭得乾乾淨淨，也多洗手腳、洗澡，得空就去泡泡溫泉。也會使用精油或淡香水，藉由呼吸循環的方式淨化身體，這些對於排除不好的東西，甚至是無形眾生都有幫助。

只是有時候無法神奇地一次見效，像我之前的低潮期就維持了兩個月，但一般來說，清潔方式持續一週就能感受到效果，況且這ＤＩＹ的方式很安全、不傷身，也對無形眾生無害，大家好聚好散。

我自己不欣賞看到無形眾生就是要趕要殺的，彼此因緣聚合在一起，該散的時就會散了，況且有些阿飄不是冤親債主，而是來報恩的，也不要隨意傷害無形眾生。修行不是只有我好、別人好不好便不管，如果只有我們自己好，卻要傷害別人，也不是我們該做的事。

清靜修行。每個月為自己設定一天是「修行日」，當天睡飽醒來後，好好地沐浴更衣，食量盡量減少至止飢的程度就好，最好是吃素或喝流質食物，讓身體也減輕負擔。

接著輕鬆地休息一下，打掃和靜坐交叉。不必特別勉強一定要靜坐多久或要盤腿，屁股也可以坐在小墊子上會比較輕鬆，然後在肚子與腿上蓋上毯子，雙眼閉上，從頭到腳感受自己的身體；任何念頭想法出現，就想像水流一般地讓它過去。

一段靜坐結束後緩緩做些伸展動作，讓四肢與關節都達到二十秒以上的伸展，輕拍、撫摸身體有病痛的部位，告訴它：「謝謝你，辛苦你了。」

其他時間可以閱讀喜歡的經文、讀物，滋養精神，讓身心靈同時獲得休息、照顧與復原。我們值得被好好地對待，如此一段時間之後就會感到身心都很有能量喔！

善念的盼望

如今我會收到很多演講邀約，尤其學校會邀請我與同學們分享生涯規劃之類的主題。我總是自嘲：「我哪裡有什麼生涯規劃，都是走投無路啊！」我和每個人一樣都曾迷惘、自我懷疑，當我看見的世界與旁人多數都不一樣時，活出自己真的不是件容易的事情。

至少我覺得自己一路走來都不輕鬆，承蒙許多貴人幫助才有今日，有努力也有幸運。但我的信念是：「天道酬勤，地道酬善」，老老實實地秉持善念過每一天，生命的回饋往往會超乎預期。

記得剛念大學時，我其實也沒有想要認真用功，大學嘛，不是「由你玩四年」嗎？再者那時候還有在通靈，每天都好累好累睡不飽，所以預期念大學的時候就能輕鬆一下！

新生報到時，我在校門口遇到一位白化症的女同學，自我介紹叫思儀，因為眼睛不方便，問我能否帶她去社會工作學系的系辦公室報到？我說：「我是妳同班同學，也要去報到，那我們就一起去吧。」接下來要去新生訓練，我就自告奮勇，反正自己也要去，那我們就一起去吧！後來吃飯還有開學上課等等，加上大一大二課程都是必修，我們倆差不多就是孟不離焦、焦不離孟。

上課之後，我發現她看黑板很吃力，除了要用望遠鏡之外，連寫筆記都要用放大鏡，每堂課還要用卡式錄音機錄音，才能回家再複習，看得我好心疼，於是主動說：「妳先認真聽課，不用急著抄寫，我先抄下來，有問題都可以問我。」我們社工系每年會招收三位視障同學，她不是唯一一位，也有些視障學長姊被當掉，和我們一起修課；加上老師對課業要求是一視同仁，後來上課的畫面就是我一定坐在教室第一排正中間，四周圍繞著視障生同學們，為他們抄寫筆記、幫忙錄音帶翻面等等，分組報告也常在一起，期中考、期末考也為大家複習。

對視障朋友而言，食用某些料理並不方便，例如合菜、烤肉、牛排等，所以他們有時候會問我能否陪伴吃飯，請我幫忙分菜、煮食，否則他們平常都只能吃個人獨食的項目。印象最深刻是有次我們一行十多人去吃牛排，等我切完所有人的牛排，手都痠痛了！

但我還是很開心，如同《道德經》所述：「既以為人己愈有，既以與人己愈多」，平時吃飯是理所當然，偶爾還煩惱不知道要吃什麼？可是看到我的朋友們多不方便，卻不埋怨自己的際遇，更感恩有機會享受在我們看來理所當然的美食。

記得我常為他們「念電影」，描述電影畫面和劇情，有一次念到《神鬼傳奇》的電影結尾，我說：「這時候，男主角抱著女主角，他們兩個人親在一起啦！」一位男同學驚呼：「哪裡？哪裡？我都怎麼看不到？」他是高中畢業時因車禍而失去視力，也曾抑鬱過一段時間，但他告訴自己這輩子不能這樣下去，成為父母的負擔，所以從點字、盲人手杖學起，還考上社工系。

我曾問他會不會埋怨上天的安排？他卻說：「既然遇到了就要面對，日子還是要過，何必搞得自己那麼不快樂？也是要想辦法獨立生活，不要成為家人的負擔啊！」

他能這樣樂觀看待自己的命運，相比自己只不過是視覺上多看見了一些，到底有什麼好自怨自嘆的？自己抱怨人生苦痛，比起來更像是無病呻吟。

有時候前一晚在宮廟服務得太晚，早上的課爬不起來想蹺課，可是當我一想到：「如果我不去上課，那同學們上課怎麼辦？」為此就有動力去學校。於是本來想要混過課業的我，因為不蹺課、勤做筆記、幫同學整理複習，所以就算上課以外的時間都沒在念書，但考卷發下來怎麼覺得自己都會寫啊？大學四年下來竟然獲頒「飛鳶獎」，也就是優秀畢業生獎。一畢業，系上剛好有專任助教的缺額，老師就問我要不要試試看？因此我一畢業就無縫接軌，獲得了公務員待遇的工作。

這份工作對我意義至關重大，由於當時的我決定要脫離宮廟，可是離開前，很多聲音告訴我：「妳是帶天命的，不繼續通靈會很慘，神明會教訓妳，妳會生病、工作不順，妳終究還是會回來的。」因此光是獲得公務員待遇的穩定工作就是一顆定心丸，讓我知道自己是有選擇的，我有能力過自己的人生。

經濟上的穩定加上學校老師的厚愛，讓我還能去球場擔任志工，而後也開啟了我成為國際棒球裁判的契機。

視障同學們常感謝我的陪伴，旁人總說：「還好他們有妳幫忙。」可是現在回過頭來看，我超感恩這些視障同學，謝謝他們用自己的不方便與樂觀，讓我學會感恩及不要陷在自以為是的痛苦。而且要不是他們給我機會服務，我也無法成績名列前茅，就無法獲得穩定工作、參與棒球，他們才是我的貴人。救苦救難的是菩薩，受苦受難的是大菩薩。

這些經驗讓我對於自己遭遇的困難稍能釋懷，尤其事情拉長拉遠來看，便覺得這些事情的發生都有其意義，因此我經常告訴自己：「所有的安排都是最好的安排，只是我還不知道罷了。」試著在這些挫折之中找出意義，讓自己學習感恩、成熟成長。

我們都知道生活上要存款以備不時之需，那麼我曾提過無形的福報存摺呢？當我們遭遇生命陷落困難、期待貴人相助時，福報存摺若是足夠便提領得出來，反之就是比較辛苦了。知福、惜福、再造福，凡事秉持著善念盼望，儲蓄財物之外也要一起來儲蓄幸福喔！

後記

學會被愛，不再孤單

連我自己都很意外《靈界的譯者》會出版至第四集，至少不是像這樣掏心掏肺的內容。一方面的我總覺得自己遲早要回到球場，所以反而比較有興趣在棒球規則與裁判訓練的教材下功夫；此外，對於大家熟悉的「通靈」主題，我將它安放的位置是在學術研究。發生在自己身上的東西，我當然想知道到底是因為什麼而發生的？只是這社會並不允許我自由無拘地討論通靈，恐怕會造成誤會或爭議，於是我選擇安靜，而學術研究則是很好的出口。

在學術的殿堂，我能安全自在地與師長、同學從本體論、文化論、哲學、心理、歷史等各方面切入討論，即使是批判性觀點也是再自然不過。我也不必擔心有誤導或被誤解之處。我喜歡念書也喜歡寫文章，本來寫作是偏學術取向，但因為去年發生的空亡巨變，走過那麼一趟，心境有了許多體悟。

就當種種念頭在心中盤旋之際，某日，工作地點有個義賣門市，有位阿姨攔住我問：「妳的書要到哪裡去買？」我說：「書店和網路應該都有吧？」阿姨又問：「可是我去前面我們三重最大的書店都買不到啊？」我說：「可能距離出書太久，所以沒賣了，但網路上應該有。」阿姨說：「我有叫我女兒幫我上網去買，可是都只能買到第三集，第四集都買不到啊，到底哪裡才有啊？」我苦笑說：「第四集確實是買不到啦，應該還在我的電腦裡。」

也是看到三重阿姨如此殷切地期盼，我感受到自己的分享能對阿姨產生平安與慰藉，真是心中滿是感動，因此當天我便聯絡我的責任編輯：「先前的新書大綱都暫緩，我有自己很想寫的東西了！」於是第四集就這樣出現了。

我的人生經歷了不少事，這十年來還多了許多讀者相伴，一路走來，我覺得自己是越走越穩，更重要的是越來越開心。我知道日後的考驗依舊是躲不過、閃不開的，但現在的我更有信心去面對，因為學會被愛之後，我不再那麼孤單了。

我無法參與你的人生，但我的文字可以。希望藉由我的文字，也能帶給你一些溫暖，不要擔心也不要放棄盼望，你並不孤單。

02

信仰與修行 Q&A

關於信仰

Q 真的有地獄嗎？電影《與神同行》的故事背景是真的嗎？

宗教信仰的形式可說是包羅萬象，若是最簡化地詮釋，人們何以有宗教信仰，一說是因為期盼上天堂、害怕下地獄。當然這只是一種說法，不能涵蓋那細膩與個人獨特的宗教經驗歷程。例如許多宗教都有天堂與地獄的觀念，甚至可以說天堂、地獄的思維是許多不同宗教的共同特徵，還有宗教為人類提供的答案——死後世界。

人一誕生在世界上，唯一可以確定的就是每個人都要面臨死亡，不論你此世的總總條件為何，都要面對這個最終的歸宿。然而從來沒有人能夠回答關於死亡之後的問題，人人在面對死亡時都是新手、生命中的第一次，沒有經驗的累積之下，宗教信仰成了人在面對自身與親人、朋友死亡時，最重要的參考與資源。

死後世界的觀念不是一夕之間就理所當然地存在，死後輪迴也是歷經多年的演變。在佛教傳入中國之前，已經有「人死為鬼」並有聚集處的觀念，佛教於唐代傳入後，再豐富了地獄的觀念。當然之後中國的地獄觀也同時豐富了佛教的觀念，兩者交互影響，不過學者對此的看法仍有分歧。

在先秦時代，「鬼」的地位崇高，故後世鬼入地獄[1]之慘況，尚未有地獄觀念。到了漢代，漢武帝求仙盛行，死後的去處分為天上或地下，許多文本記載著死人聚集的地名，例如：蒿里、梁父、泰山等處，不過與先世的善惡行為相關並沒有太多連結。換言之，地獄是死後聚集處，但跟在世時的為善為惡並

1 佛教教義為在人死後有「六道輪迴」的去處，分別為天道、阿修羅道、人道、畜生道、惡鬼道與地獄道，因此人死為鬼與人死後墮地獄乃分別是六個去處之一，本文強調其中墮地獄與地獄觀思想。

沒有關係。

當佛教傳入中國之後，風行草偃，無一處不受影響，佛教中的「業力」、「果報」、「地獄」與「輪迴」完完全全成了中國人的一部分，無人會堅持佛教這信仰本源於遙遠的、不同種族的印度，佛教自自然然地成為中國思想的一部分。

當然唐朝存續時間甚長，佛教的輸入也有不少阻礙，但在唐代帝王支持的社會背景之下，佛教仍然深入社會的各個角落。再者中唐之後政風敗壞，宦官把持朝政，另有藩鎮割據、胡人重利輕義的商業經營方式，可以想見人民生活的不堪。

奢靡的生活對照著卑賤的殘生，一個對「公義」的盼望，在今世之不可得，只有放在後世的期盼了。

正因為時局動盪不安，中土既有的果報觀、冥界觀[2]無法解釋社會上種種不合理的現象，並提供社會大眾宣洩的管道，因此佛教的「果報輪迴」、「地獄罪報」觀念適時填補、大大風行，兩者彌補了今世正義不昭的無奈。

地獄一詞，梵語曰「那落迦」（Naraka）、泥犂（Niraya）等。漢譯佛典中有以「地獄」、「泥犂」為經名者。「泥犂」或「那落迦」其義均為不樂、可厭、苦具、苦器、無有等等。而地獄有許多種類，雖有居於地上如：山間、水上、樹上、曠野之孤獨地獄，位置大部分多居於地之下。

總之，其根本特質為一「苦」字，是造惡之人受生之處，於中受其業力所縛，無所逃遁，備嘗眾苦[3]。

唐代的地獄觀念已經相當豐富，但不同的經文有不同的記載，對於地獄的位置、受苦的情形，諸經內容差別甚大，總之刑罰是千奇百怪，受刑的時間漫無休止。

以《長阿含經》所描述的八大地獄為例，分別為「想」、「黑繩」、「堆

---

2 此處指佛教傳入中國前，中土既有的道教「承負」的觀念，有些類似佛教的果報，不過是以家族為單位，而且相較於佛教是模糊的概念。

3 本段全文引自丁敏教授〈佛家地獄說之研究〉國立政治大學中國文學研究所碩士論文，1981，第33～36頁。

壓」、「叫喚」、「大叫喚」、「燒炙」、「大燒炙」與著名的「無間（阿鼻）」地獄。依次介紹如下：

1.想：又稱「更生」或「等活」地獄。此地獄的眾生瞋忿心重，手自然生鐵爪、執刀劍，相互殺害，死後冷風吹來，皮肉更生，又復活起來。

2.黑繩：獄卒以熱黑繩繫罪人，以刀鋸等隨而斫作千百段。或以熱鐵繩置人身上，燒焦皮肉。或懸熱鐵繩縱橫無數，風吹著人身上，燒皮徹肉、燋骨沸髓。

3.堆壓：又稱為「合會」地獄，獄中有大石山，兩兩相對，罪人入中，山自然合，堆壓其身，骨肉糜碎，由於罪人餘罪未盡，故雖骨肉糜碎，卻還不會死。

4.叫喚：獄卒取人入大鐵釜、鐵鑊中燒煮，熱湯湧沸，煮彼罪人，號咷叫喚，苦痛辛酸，萬毒竝至，餘罪未畢故不死，故名叫喚地獄。

5.大叫喚：受苦情形與前者相同，但所受之苦較大，故名為大叫喚。

6.燒炙：獄卒將諸罪人置於鐵城中，其城火燃，內外俱赤，燒炙罪人，皮肉燋爛，苦痛辛酸，萬毒竝至。餘罪未畢，故使不死，是故取名為燒炙地獄。獄中除有鐵城外，另有鐵室、鐵樓、大鐵陶等以燒炙罪人。

7.大燒炙：受苦情形與前者相似，獄中有鐵城、鐵室、鐵樓、大鐵陶等等。此外更有大火坑、大火山、火焰熾盛。獄卒以鐵叉叉人於火中，燒炙其身。

8.無間：又取音譯為「阿鼻」地獄。獄卒捉彼罪人，剝其皮從足至頂，即以其皮纏罪人身……苦痛辛酸，萬毒竝至。餘罪未畢，故使不死，是故名為無間地獄。獄中復有鐵城，城中皆是大火，了無空處，火焰燎身，皮肉燋爛。

在地獄當受苦多久？進入哪個地獄？倒沒有明確說法，而電影背景中的閻羅王概念，是時至唐末逐漸形成的十殿閻王說，也是受到民間信仰影響才形成的觀念。十王分居地府十殿，各司其職，其中閻羅王名聲最大，受到人們普遍相信。

所以可以說地獄的觀念是「演變」而來的，依著多元文化因素與民眾期盼，融合成就地獄觀。

佛教在唐代之所以能夠興盛，諸多學者都將原因指向「對現世的失望與後世公義的盼望」，因此佛教徹底承接中土道教既有的承負觀念，使「因果果報」成為中國文化中理所當然的一部分，鮮少有人會將之與佛教起源的印度聯想在一起。

「地獄說」提供人們一個對於今世不公的解釋，成為安頓自己的心靈良藥，我無法證實地獄是否存在，但與大家一樣期盼今世未可得的報應能在後世獲得公義。

Q 真的有無形眾生嗎？我怎麼知道自己拜的是神還是鬼？

就我來說當然是有嘍，不然我就要找精神科和眼科報到了。「無形眾生」的定義非常廣泛，加上在華人信仰之中，神、人、鬼彼此的界限是很模糊的，人在修行之後可以成神，神會因為犯天條而被貶為人；人死後會變成鬼，鬼做了很多好事會被封為神，搞得大家乾脆統統都拜，反正有拜有保佑。

小時候拜拜想多問幾句，大人會說：「反正妳就跟著拜，等妳長大就會懂了。」大人這樣回答是因為他們自己也不懂，而長大了就算通靈也未必會懂，神明系統這檔事，看書了解會比較快又正確。

世界神明系統分類最粗略的方式就是「一神教」與「多神教」。「一神教」顧名思義就是信仰世上獨一無二的神，通常稱作造物主、上帝，從猶太教、天主教、基督教到伊斯蘭教都是一神教的系統，只是他們信徒之間在歷史上經常打仗，還有不少是為了同一位神在打仗，搞得生靈塗炭。其中的歷史背景有專書《為神而戰》，想要詳細了解的很值得一讀。

「多神教」簡單來說分為兩類：「印度式多神教」與「中國式多神教」，同樣是萬物有靈、相似性甚多。印度式比較多的是神會變成人，而中國式的比較多是人會變成神，沒有一定、比例多寡而形成的特徵。

所以大家口稱的「神明」彼此之間可能會有很大的差異，即使是一神教都會吵到大打出手了，更何況是一神教與多神教，還有多神教之間？我是覺得比較信仰哪個神明更厲害還滿無聊的，就像是比較川普和比爾‧蓋茲誰更有錢？反正不管我支持誰，我都不會變有錢；我信仰哪個神明，如果不行善積德、殺人放火，還不是一樣會下地獄？

以前曾經看過有三太子起乩開示到一半，對面的乩身也突然跳起來說：「我是李靖。」一旁人我們好尷尬喔，是否要跟三太子說：「那個……你爸叫你回家吃飯了。」

至於民間信仰的神明體系，依日本宗教學者鈴木一郎著作《台灣舊慣習俗信仰》中分類如下：

1.自然崇拜：

（1）無機界：天地日月、山水火海……

（2）有機界：植物崇拜、動物崇拜……

2.人類崇拜：

（1）人鬼：祖先、聖賢偉人

（2）幽鬼：祭祀無主的孤魂或厲鬼

3.器物崇拜：門、灶、井、橋、路、床……

所以基本上你想得到的都可以成為神明，有各種神明且職務重複也不意外。加上文化中有尊敬無形的傳統，例如我們不會直呼「無主水流屍」，而會稱作水流公、水流媽；無主奉祀的孤魂野鬼也會稱作萬善爺、百姓公或大眾爺等，祭祀以香火盼安撫神靈不作祟，甚至保佑鄉里。在這樣的信仰文化中，神、鬼、人之間的界限是模糊的，也是多神教的特徵。

那麼，到底哪些神明才算是「正神」？基本上，取得「正神資格」通常有三種管道：

1. 玉皇大帝賜封的神格
2. 道教典籍記載的神仙
3. 人間帝王賜封的神明

這些神明是約定俗成的「正神」，除此之外，很抱歉，只能埋怨自己太年輕了，來不及從玉皇大帝和人間帝王那裡取得資格。

不過不管對方是神是鬼，任何無形眾生都應該得到尊重，魔神仔、精靈、妖怪、好兄弟都應該以禮相待，不必因為看不到就無限上綱地害怕恐懼，也不需要因為看不到就嗤之以鼻。同樣生活在地球上，我們都是過客，大家互相影響，但沒有誰就可以控制操弄別人，不如當作是有緣相逢的同行旅伴吧！

Q 如果有跟神明承諾要護持，但是後來因故改宗，會被報復嗎？

現今社會多元化、資訊快速流通，宗教在民主自由的社會風氣下也是蓬勃發展，一家人有多種宗教信仰也不奇怪。尤其在喪禮中會看見有各種宗教儀式分場並存，不同時段會有佛教、藏傳佛教、基督教、道教等儀式，一起祝福讓亡者到更好的下一段旅程。

在台灣，我們確實享有非常大的宗教自由而且彼此尊重，這在偏向單一信仰的社會中，例如伊斯蘭教、印度教的社群中，非常難以想像。我們真的要好好珍惜這些自由與尊重，這是高度體現人類的愛與文明，不是每個社群都做得到的。

所以在這樣自由包容的宗教氛圍中選擇改宗，不至於會造成外部生活巨大變動的壓力，例如因此丟了工作、被社會排擠。多半壓力可能是來自於家人，當然最大的就是自己，畢竟改變信仰是很大的決定，相當於改變自己的世界觀、價值觀。

每個人選擇的宗教信仰不同，我常比喻信仰如同談戀愛一樣，這不是只有理性的理解和選擇，還有情感上無法解釋的傾心，就是對某個神明、儀式、教義、氣氛特別感動或有感應，有時候只需要那麼一刻，無法用言語解釋或分析，遇到了就會知道，勉強不來的。

既然是兼具理性和感性而下定決心改宗，人生是自己的，人都沒權力指指點點了，神明也不會為難你的。

唯一可能要顧慮的，或許是過往有跟神明許過願，那麼改宗後該怎麼辦？倘若是能做得到的事情，最好要盡量完成；不管是對神明的許諾，對人的承諾也當如此。

但有些承諾是改宗後不便持續的，例如念經、捐款、參加法會等等，建議可以禮貌誠心地向過去那位神明說明，江湖在走、禮貌要有，倘若為了追求更好的自己而改宗，原有的神明卻是咒罵報復你，那恭喜你，改宗絕對是正確的決定。

誠意禮貌地告別後，就放下這顧慮，好好展開新生活吧！有自己熱愛的信仰是超級幸福的事呢！

Q 如果一直被無形的干擾怎麼辦？有什麼方法可以避免？

之前一則新聞報導，有位女孩對無線網路的訊號感到不適，但在現今社會躲不開無處不在的無線網路訊號，無藥可治又沒有人能體會她的痛苦之下，很不幸地，她選擇結束自己的寶貴性命。被無形干擾的痛苦有點像這樣，不同的人程度不一，嚴重的真會干擾影響生活，非其他人能體會。

我從小就會跟爸媽抱怨自己被無形的干擾，甚至害怕到躲在衣櫥裡。父母依照經驗帶我去收驚，聽說哪間有效就去哪裡，聽說哪個老師能把那個眼睛關掉就趕去，搞到我都把洋娃娃放在板凳上，用原子筆當成香給洋娃娃收驚。

收驚確實能暫緩我的不適，可是時好時壞仍無法根治，後來爸媽決定用運動放電的方式，帶我去大量運動後，回家累到倒頭就睡、整夜安眠，不會再反應又看到什麼，誰又來找我說啥了。

年紀大了就該自己處理，我曾試圖尋找「保護的力量」，期盼找到一個護身符能保護自己不被無形的侵擾，但有時有效，更多是一段時間就失效了。而且花時間力氣去尋找護身符也滿累的，耗時費力又不見得有效，乾脆放棄向外尋找，反而能看見自身的力量。

本來嘛，你我都是獨立的個體，憑什麼霸凌我？說是冤親債主、前世今生，就是我欠你的喔？拿存證信函來先啊！走開啦！咦，這麼一罵反而比較有效，比中指是世界共通的斥喝手印啊！

要能有這樣的氣勢喝退無形也得有些底氣，我相信天地有正氣，正氣的信念便能給你不怒而威的氣勢。宗教的功修實踐也是累積，例如我每天淨身禮拜打坐，也覺得比較不會被無形眾生干擾。此外，健康的身體、精神飽滿充足也都有幫助，當你氣勢健康強大時，無形的自然就會避開。

我常常把無形眾生比喻成細菌或病毒，他們本來就存在，只要我們抵抗力夠好就不會受到影響。人類不可能為了不生病而消滅所有的細菌和病毒，但我們可以維持健康的身體、提高抵抗力因應之。

但人難免會有低潮的時候，我在受傷體虛之時也吃足無形眾生的苦頭，這時候可能就需要一些外在的幫助。不同的宗教會提供各種方法，如祭改、念經、禱告、撒米鹽等等，這些可以短期因應，只是長期來說還是要面對自己的體質，找到適合自己的宗教和修行方法，對症下藥。

除此之外，我最推薦免費的「陽光」。曬太陽雖然不會把阿飄曬走，但是陽光是大自然的能量，發熱流汗也能促進新陳代謝，排除不好的、獲得好的能量，因此請大家以保養身體的心態多多利用，多多累積正能量。

Q 別人送的神像和護身符可以收嗎？如果不想要該怎麼處理？

鬼故事的經典套路之一就是某人去旅行時買了個骨董、洋娃娃或飾品，帶回家後就怪事連連，諸如生病、作惡夢、家裡物品移動或發生意外。現代人也越來越有雅興，家中會裝飾觀音、關公、達摩等各種神像或畫像，沒事的時候都沒事，家中不平安時，這些物品首當其衝會被懷疑是否藏了不好的東西？

這讓我想到一個都市傳說：「出國住旅館時，睡覺不要把鞋子擺正，以免阿飄順著鞋子爬上床來。」傻孩子，他們既然叫做阿飄，當然就是用飄的啊！會上你的床就是會上來，跟鞋子有什麼關係啦！這些物品都是無辜的啊。

所以有親友贈送神像或護身符，原則上沒問題，尤其是那種觀光地區的紀念品，例如御守、吊飾、土耳其之眼。比較要注意的是，如果這些東西配戴一段時間後出現破損，尤其像土耳其之眼屬於土耳其的民間信仰，他們相信嫉妒心會產生傷害人的負能量，引起疾病、厄運等等，所以要以毒攻毒。

在阿拉伯語中，「嫉妒」和「眼睛」是同一個字根，所以使用土耳其之眼抵抗嫉妒，為主人吸取負能量；如果土耳其之眼破損（裡面的材質本來就會採用比較脆弱的），代表吸滿了負能量，必須丟棄處理。

過往處理這些物品的方式是丟入大海或埋在深山裡，但那是古時候，現在這樣處理我會想叫警察把你抓起來。千萬不可以亂丟，太造惡業了，只要拿個紅包袋裝起來，丟到垃圾桶就可以了。不要太擔心丟垃圾桶不好，垃圾車也是載去焚燒或掩埋，就當作這是二道工法，最終就是回到那些歸屬的地方。

比較擔心出問題的情況是當你本身的狀態不好，又收受神像、護身符，怕是會有風險。無形眾生和我們是用「意念」交互感應的，所以當你看到時心裡覺得不舒服，就不要接下；反之，如果覺得第一眼感到很歡喜、平安，那就沒什麼問題。

要是當下覺得不適，最好的方法就是婉拒，可以跟對方表示自己已經有專屬信仰的神明了，請對方再找更合適接收的有緣人。倘若你的朋友還是不尊重你的不舒服或困難，堅決要你收下他的好意，那麼代表這個朋友不是很顧慮你的感受，真的不用深交啦！但如果你覺得有個這樣勉強自己的朋友沒關係，表示你的體質專門在吸引這些妖魔鬼怪，就不要牽拖神像或護身符。

有時家裡也難免會出現豬隊友，等你回家才發現：「怎麼有這一尊？」如果覺得順眼、歡喜便無妨，留在家中擺設時可以在底座或背面貼張紅紙，表示是裝飾物，提醒不供阿飄入住。倘若覺得不舒服，就趁還沒有培養出感情之前先送走。

開光過的神像最好委託寺廟或佛具店請走，未開光但擔心裡面住有無形眾生的，則用紅紙包住頭部後收到箱子裡，有機會再轉贈有緣人或請去寺廟供養，抑或是妥善打包好後送垃圾車。切勿任意棄置荒野路邊或丟給社福團體，這種行為如同棄養，會產生很多怨念。有很多方式可以選擇，請不要選個最糟糕的喔！

Q 放符仔是真的嗎？怎麼判斷自己是否被放符仔？該怎麼處理？

放符仔是最傳統的巫術之一，而從史前的人類開始就有巫術傳統，任何一個民族就算沒有宗教，也一定會有巫術，主要是由於面對大自然與人生各種不可知的未來，人類想要「做點事情」來影響、控制、支配不可知的環境。

這些巫術有很多種，英國人類學家弗雷澤將其分類為「交感巫術」和「模擬巫術」。「交感巫術」顧名思義就是與人體有交互關係而產生的巫術，又分做「順勢巫術」與「接觸巫術」。

「順勢巫術」代表從人體出來的東西會繼續與那個人相應，例如最常見的頭髮、指甲等等，因為那本來就是當事人身體的一部分，所以即使離開了身體，只要在頭髮和指甲上作法，還是會影響當事人。而「接觸巫術」意指接觸過的東西會互相感應，舉凡衣服、用品等等，因此在物品上施法也可以影響當事人。而我們傳統說的「放符仔」與這兩類都有相關。

「放符仔」是未可見、無法科學測量的現象，難以用實證研究斷定真偽。我個人是覺得「放符仔」是有此事，但定義範圍可大可小，影響力也有諸多因素干擾，非親眼所見，實在難以判定。

一般實務上的經驗是，如果當事人眉間泛綠光、雙眼下方泛黑光，某個特定時間（通常是黃昏時）會有固定部位不明疼痛、心悸、恐慌，是有可能遭遇他人惡意下手。不過影響的程度、範圍和時間長久，則有各種不特定因素，例如當事人狀況很好、氣定神閒、自在坦然，又或是有福德具足、有無形保護，也可能是放符者功力有限或沒有持續作法，都會交互影響結果。

所以我常常開玩笑說不需要太擔心自己被放符，因為放符也是有成本的，如果彼此沒有深仇大恨，對方也不會有閒工夫持續地作法，畢竟要一直催符法也是很累的。因此我多半會建議當事人，當作是感冒，好好休息給自己放兩、三天假，去泡個溫泉、吃好睡飽，精神養足了，無形的也傷害不了。

不過一般人遇到這種事情，不做點事情總覺得不安心，那麼也可以尋求自己的宗教信仰處理，例如：禮拜、禱告、念經等等。民俗上也可以選擇大廟如行天宮、大龍峒保安宮都可以收驚、祭改，這些就相當足夠了。我們市井小民其實就日常過生活啦，又不是在拍電影，不必一定要搞成兩邊對戰、設壇作法，斬雞頭、潑狗血啦，戲劇效果請勿模仿。

何況放符仔這檔事若是像電影一樣這麼神奇，三民主義早就統一中國了，我也會去泰國或印尼留學，而不是歐美國家。放符仔、下降頭這些事情，本身就不是能見天地、光明磊落的，屬於驅使無形眾生遂行個人慾望的行為。

正所謂出來混都是要還的，放出這些符法、降頭等負面能量，只要我們當事人不收受，往天上去、天也不收，往地下去、地也不收，當然就是回到放出來的人身上。

所以與其在那邊跟無形的攪和打仗，到處拜拜、求神問卜該怎麼處理，然後你一直處理，對方就一直放過來，這樣不是很累？最好的方法就是嚴正表達「不甩」的態度：我就是不收不理，就回去報應在原本施放的人身上去吧！

而且與其擔心自己被放符該怎麼處理，我們可以多關注預防措施，例如：不隨意交付個人生辰八字、指甲頭髮，不喝來路不明的符水，收受不知出處的符咒或護身符、神像、手飾等。遇到這種情況，就以自己不喜歡配戴為由婉拒，之後就沒那麼多奇怪的麻煩了。

倘若當下真的無法拒絕收受，說真的，明知道有風險還會「不好意思拒絕」，這是自找麻煩的個性，請勿牽拖鬼神。既然會不好意思地接受了，那就代表你自己同意要承擔後果，這大概就是上天要你痛了才會學到教訓，以後才不會亂收吧！

倘若已經收下了，那麼可以去鄰近廟宇燒化掉即可。無形的是用「意念」產生影響，燒化時就要堅持「意念」，把不好的送還給主人，報怨以直，不必客氣。

Q 信仰的意義究竟是什麼？

如果以一個人的組成包含「身、心、靈」來說，我們同時要照顧與發展身體、情感及靈魂三個面向。身體的健康與否有醫學的各種數據可以檢驗評估，也可以聽從醫師、營養師、物理治療師等專業建議，知道怎麼樣補充營養、休息和治療；生病時也可以有數據呈現，投以藥物。但有時候我們的情感和靈魂也需要照顧，而且常常帶給我們煩惱的不是肉體，而是情緒與靈魂；這三者又會互相交互影響，不能只處理一樣或兩樣，其他的就能撐著不出問題。

「信仰」就是我們情感與靈魂的醫師和營養師，人類共同面臨生與死的課題，每個人看法不同、想像不同、需求也不一樣，在這茫茫的人世間何去何從？信仰如同我們生命中的燈塔，指引方向。有些人每天都很努力，卻不是很清楚自己努力的目的是什麼？這樣的努力奮鬥很消耗，要是方向不對、不是自己想要的，那麼再怎麼費力也達不到目的地。相反地，即使路途中有許多阻礙，偶爾遭遇困難得小繞一下，或是累了、病了、乏了，想要散散步、走慢一點，只要心中的方向正確，慢一點又何妨？信仰讓我們的旅途充滿力量與盼望，這也是我們的靈魂所需要的。

就情感的層面而言，人類擁有愛人與被愛的情感需求，而且是所有動物中最強烈的。很多動物一出生，可能幾個小時後就能自食其力，但人類嬰兒要成長到能獨立生活，少說也要十多年吧？而且人類是群居的動物，只有極少數的個案能夠獨自生存，我們多數的煩惱也是來自於人際關係和情緒糾結，而不是肉體本身。

信仰提供我們源源不絕的「愛」，教我們珍惜、感恩被愛，以及如何去愛他人，還有各種消弭煩惱、痛苦和負面情緒的對應方式。信仰讓我們能夠面對生命的無常和未知，能夠心情安定、自在坦然，這正是我們情感層面需要的。

我們每個人都經歷了出生、成長，請問你來這一趟的目的是什麼？我們總有一天都要死亡，請問你準備要怎麼面對？只要你開始思考這兩個問題，那麼你就開始有信仰了。

每個人的信仰都不一樣，我相信宇宙間充滿神靈的力量；你在尋找神靈，神靈也在尋找你，預備在你身上結出好果子，你準備好要面對了嗎？開始尋找和愛你的信仰吧，讓我們離開此世的那一刻，感受的便是充滿幸福圓滿的一趟旅程。

關於修行

Q 有人說我「帶天命」一定要修行、為神明服務，如果我不照做會有不好的報應嗎？

在台灣，如果有靈異的感應，很容易被套上「帶天命」三個字，並且理所當然要為神明服務。這是我二十歲以前非常熟悉的三個字，舉凡我想好好讀書、打球、做自己想做的事情，就會被「帶天命」三個字叫回宮廟裡服務。

有一部分的我覺得驕傲和有責任，覺得自己是被神明選中、賦予使命的，但也有一部分是害怕不做會被神明懲罰。當我決心要離開時，心裡確實有所害怕，因為對方不只說我會失去健康、找不到工作、遇上各種不順再回來求神明，還說連我爸媽都會不好。拿至愛來叫我接天命，是莫大的恐懼與壓力。

但我非常幸運，如果有神明，我確定神明非常眷顧我。神明護佑我一路成為台灣首位國際棒球女性裁判，還念到政大宗教所博士班。當我發現自己能夠不靠通靈能力，而是靠自己的汗水與努力成為女孩子的榜樣，在我之後不會有別的女孩被趕出棒球場，什麼是帶天命？這才是帶天命！我認為每個人都帶有天命，只要是扮演好自己的角色，盡力做好身而為人的義務，對國家社會有幫助，這就是天命！

所謂的「帶天命為神明服務」，基本上是民間信仰的觀點，傳統宗教上並沒有這樣的說法。佛教認為每個人都有機會成佛，基督宗教也有教導每個人生而為人的功課，我們每個人來到這世上都是有原因的，不只是被神所愛，每個善舉、善功都是修行，也都是在為神服務。

如果神明要我當乩身搞壞身體健康，不念書、不工作、不孝敬父母，把自己生活搞得一團亂，然後待在神像旁邊整天泡茶靜坐、服務眾生，我當初就會決定換一個神明了。我相信神明是要我健康快樂，照顧好自己和家人，再去服務他人。

如果有神明特別指名、賦予你天命要濟世救人，那麼你要審慎評估自己是否可以同時勝任助己助人的工作？曾有剛懷孕的媽媽問我：「老師說我帶天命要服務眾生，我該怎麼辦？」我建議她現階段要先把孩子照顧好，家庭和樂安穩了，行有餘力再去為神明服務。可以跟神明先稟報自己目前的責任與考量，晚個幾年不成問題的。如果自己目前都有困難，神明還執意要你服務，甚至以不好的報應威脅，我覺得應該都是人的意思，不是神的意思吧？

愛與控制只在一線之隔，**永遠愛你的是神**，**會想控制你的是人**。拜拜能拜到威脅你若不服從就有不好的報應，你可以換間廟宇繼續拜一樣的神，但你也真的需要換個朋友了。

Q 修行之後一定要分階級或等級嗎？

每個宗教的內涵都是博大精深、浩瀚無垠，說要「認識」還真的不知道從何介紹。大學中，各種「概論」的相關課程，通常都得要由最資深的老師才能擔得起，因為認識任何一個宗教都不容易；還好有學者、成就者為我們整理出基本架構，並解說系統、派別、階段等等。

就修行實踐的部分，剛接觸的人與學習幾十年的人自然也有不同的方式，比如幼兒在成長過程中，是從翻身、坐穩、爬行、站立、行走到奔跑，不大可能還沒坐穩就要求他行走或跑步，肯定是摔得七葷八素的，因此修行上具有「次第」既是自然發展，也是必須的。

例如佛教有《菩提道次第廣論》，就是詳細說明從一般人學習成佛的過程，依著「次第」一步一步、循序漸進地修行，也常提到「三乘」：聲聞乘、緣覺乘和菩薩乘。「聲聞乘」是指聽聞佛或佛弟子的聲教，目標是讓自己從這個痛苦的世界中解脫，體悟宇宙的根本就是四聖諦，消滅所有煩惱。「緣覺乘」則是指生在無佛教時代，觀察十二因緣等法而覺悟，了脫生與死這兩大人生課題者。「菩薩乘」則是除了包含前兩者，還要願度一切眾生，修行「六度波羅蜜」：布施、持戒、忍辱、精進、禪定、般若。這「三乘」可以說是三種交通工具，象徵運載眾生渡越生死到涅槃彼岸的三種法門。

伊斯蘭教也有提到精神修練的三階段：教乘、道乘和真乘。第一階段的「教乘」就是遵守六信五功，遵從一切教法規定，包含：念清真言、禮拜、齋戒、天課和朝覲，行善止惡、修身養性、虔信真主。第二階段的「道乘」又稱作「中道」，由外在的身體力行轉入內心的精神修練，透過各種功修棄絕塵世、清心寡慾、參悟世間真理，淨化心理以接近真主。最後的「真乘」又稱作「理乘」或「至道」，已經到達渾然無我、心不納物、真主獨一、忘世出世的境界。

每個人的基本條件不一樣，也是所謂的根器不同，例如佛教原本的主要信奉者為知識分子，其有大量的理論和知識需要學習、辯證，但古代中國多數都是文盲，佛教該如何推展？因此發展出淨土宗，透過持續大量地念誦佛號，也能修行成佛。

如同有些人天生會游泳、潛水、攀爬，但有些人必須要透過訓練才能做得到，每個人可以依自己擅長和歡喜的方式去修行，不必刻意勉強，不然就像是強逼王建民提升打擊率、陳金鋒降低防禦率。

也請不要執著於很用功努力或受苦，就一定要達到某種成效或升級，相信我，人類再怎麼苦修訓練也不會飛的。

修行的方法和次第是幫助我們認識並入門，不是用來比較的，好比在車子旁邊比較哪台車子性能比較好、怎麼改裝更厲害，說得好像那些車都是自己的一樣。不管選哪台車、載你跑到多遠的地方，千里之行始於足下，抬腳開始你的旅程都比紙上談兵、指點別人的交通工具來得有意義。

Q 修行一定會有靈異體驗嗎？我想要修行但不想要有靈異體驗，可以嗎？

當然可以！外面多的是滿口說著靈異體驗但沒有在修行的人，修行和靈異體驗這兩件事其實不必綁在一起。大家常會覺得有關，可能是因為許多宗教實踐者，例如有在拜拜或打坐的人，會有一些靈異體驗，所以總覺得修行就會得到靈異體驗。

這也是無可厚非，畢竟那些無形眾生在虛無縹緲中，更渴望有精神寄託、離苦得樂，所以生性喜歡接近宗教場所，或是參與念經、崇拜儀式等等。

無形眾生心存善念、一起修行是好事啊，總比嗜好是躲在床底下嚇人好多了吧？所以在修行中比較容易感受到無形眾生的存在是滿自然的，就當作他們一起共修吧，做好事大家一起來，團結力量大！

確實許多宗教修行者都有靈異體驗，或甚至有神通能力，不過他們並不會執著於這些體驗，或沾沾自喜於神通能力。這本來就是存在的自然現象，大驚小怪是少見多怪，以平常心當成是修行過程的一部分即可。有些人會使用神通來幫助人，不過這也有些風險，畢竟人還是有七情六慾與貪嗔痴，金錢和權力是人類最大的考驗，神通本身是無好無壞，就像金錢一樣，只是使用不慎也會造成不好的後果，端看人是怎麼運用的。

佛陀有十大弟子，神通第一是目犍連，雖然他神通廣大，但仍不敵業力被亂石打死。伊斯蘭教也有記載，先知蘇萊曼能驅使無形精靈協助打仗造城，不過最終人的歸宿還是端賴在世時是行善或造惡。

水能載舟，亦能覆舟，也有不少人修行得好好的，最後得了神通反而歪掉。不過這些都先別太過於擔心、杞人憂天，倘若你步上修行正道，有沒有靈異體驗對你來說，無須擔憂，自然都是了然於心的。

Q 修行一定要花很多錢嗎？

陪孩子一起遊戲、講故事、玩玩具叫做「陪伴」，放著孩子一個人玩，自己在旁邊滑手機也是「陪伴」，一樣的陪伴但品質與意義大不相同。修行也是同理，途徑很多，萬千法門、殊途同歸。修行肯定要付出代價，除了時間和金錢的成本，最困難的應該是精神上的，畢竟修行就是要面對自己、調整心性，調伏自我各種情緒，有原因的、沒有原因的，真的非常不容易。

面對自我實在太痛苦，可是世上有各種苦痛需要透過修行去面對，所以有時我們把修行當作「紓壓」，就像是週末去按摩、SPA一樣，偶爾也去參加共修會、瑜伽、朝聖，做做精神上的按摩。這樣做並沒有不好，總是比不做來得好。許多煩惱和疾病其實都是自找的，例如不健康的生活習慣，累積久了就變成煩惱或疾病，花很多金錢與力氣求醫，卻不願改掉習慣，我稱作是「生活習慣病」。修行就是能看見出問題的源頭並願意改變它，至於使力的程度就端看你的自我要求，把修行只當成精神的紓壓，還是想根本改善自我習性？

有些修行確實需要花費金錢，就像上課學習總是要繳點學費，打坐也是得先買個蒲團，吸取知識要買些書籍更是理所當然。不過一樣是「修行」，品質與意義也是大不相同。

在棒球運動中，有一種人被我們稱之為「裝備組」——全身上下都是名牌裝備，但就是不來練球，比賽時的球技當然也就不好說了。有些人修行起來也是「裝備組」的，整面牆的全套經典、各種法器神像設備，富麗堂皇的什麼都有，就是沒有坐下來念經打坐。

也不能說這樣就不對或不好，好歹也是踏上了修行之路，花錢也是很能紓壓的，如果購買這些宗教物品就能夠消除壓力也不是壞事。只是當自己沒有經濟能力購買時，就不需要花大錢，我只要一個舊墊子和浴巾也能打坐啊！

修行有很多法門，有人像打電動一樣，課金買裝備、積點數升級，但也有許多不必花大錢的方式。打坐不必花錢，到寺廟和教堂敬拜也不必花錢。佛教稱的布施有三種：財施、法施、無畏施。「財施」是物質性地給予金錢財物，「無畏施」是心理上的陪伴，給予安定力量，使其不再害怕恐懼。而「法施」則是給予靈性的指引。

就連布施都未必指涉金錢，經濟狀況普通的人也能布施，給予他人微笑、安心或是建議修行的方式，也都是布施，修行自然也不必花大錢。我們可以依自己的能力選擇合適的修行方式，至於品質與程度，就是「師父領進門、修行在個人」嘍！

Q 「修行」到底是為了什麼？

世間萬物都有得以觀察的規律，人類也是宇宙萬物的的一部分，可以從大自然的定律中學習到一些智慧。若將人類的成長比擬為一棵樹苗，農夫種植樹苗也含有許多智慧，例如一塊土地種植的密度，每棵樹需要相當的空間，太密集就無法成長；而成長過程中又需要陽光、空氣和水，有時還要適當撒些農藥和肥料，劑量和頻率都是過猶不及。

農夫也要拔除其他雜草，還要避免病蟲害，甚至在開花時不能留下所有花蕊，必須先摘掉一部分，以免養分不夠分配，花蕊就無法健康地結成果實。又要保留一定數量的花蕾，才能結出又大又甜的果實，結出的果實有時候還要套袋保護，才有最好的果實。

人生像是樹苗的成長，雖然現代是自由社會，也並非是讓人毫無規矩限制地為所欲為；缺乏規範會影響他人，自我的成長也需要「自律」。如同要修剪樹枝、花蕾一般，為了與他人互動也為了自我發展，這些「修」是必要的，把自己不好的習氣、情緒、行為如同枯萎、長壞的樹枝般修除，否則我們影響到別人，反而會被砍掉、折傷；或是不處理壞掉的部位，可能也會影響自己的健康，當然就長不出漂亮的花蕾與果實。修行的目的就是為了成為更好、更健康的自己。

只是在修行的過程中，要修掉自己不好的習性和脾氣，像是移除不健康的習慣，總是會不舒服、疼痛的。疼痛也是成長的一部分，雖然這過程不舒服，但都是為了成為更好的自己。

「修行」這個詞望文生義，可以拆做「修」與「行」，怕的就是知道要「修」，卻不願意接受過程中的痛苦而不「行」。如果你把修行想成是精神上的按摩，偶爾讓自己溫暖、放鬆，卻無法真正將不好的、生病的部位去除，不斷地投藥或舒緩，還是無法改善根本的問題。

不適甚至痛苦都是修行的一部分，例如平時總是看某人或某事不順眼，但身邊其他人卻覺得這沒什麼，有可能是那個人事跟自己過去不好的經驗有關。修行是幫助我們看見自己的情緒，找到負面情緒的根源，面對它、接受它、處理它、放下它，我們就不會拿生活中的各種事件來折磨自己。所以，為了迎來更好的生活、身心健康的自己，修行是利己利人的好事啊！

國家圖書館出版品預行編目資料

靈界的譯者 4：我的後通靈人生 / 索非亞（劉柏君）
著 . -- 初版 . -- 臺北市：三采文化，2019.4
-- 面；公分 . --（Focus 88）

ISBN 978-957-658-148-9（平裝）
1. 宗教文化 2. 靈異 3. 個人成長

296.1 108004109

suncolor 三采文化集團

Focus 88

靈界的譯者 4：我的後通靈人生

作者｜索非亞（劉柏君）
責任編輯｜戴傳欣 校對｜黃薇霓
美術主編｜藍秀婷 封面設計｜李蕙雲 美術編輯｜池婉珊
內頁排版｜菩薩蠻電腦科技有限公司
攝影｜林子茗 梳化｜嫚妮塔女孩工作室
行銷經理｜張育珊 行銷企劃｜陳穎姿

發行人｜ 張輝明 總編輯｜ 曾雅青 發行所｜ 三采文化股份有限公司
地址｜ 台北市內湖區瑞光路 513 巷 33 號 8 樓
傳訊｜ TEL:8797-1234 FAX:8797-1688 網址｜ www.suncolor.com.tw
郵政劃撥｜ 帳號：14319060 戶名：三采文化股份有限公司
本版發行｜ 2019 年 4 月 26 日 定價｜ NT$320